casasolaeditores.com

Busco una VOZ:

Baldemar Morales

Curso Busco una voz
Baldemar Morales ©
Primera Edición, Casasola Editores, 2013 ©
215 East Hill Rd. Brimfield MA, 01010
(413)245 3289

Diseño de portada y diagramación de Casasola Editores.
Fotografia de portada de Mario Ramos.

Prohibida la reproducción total o parcial de esta obra sin la autorización expresa del titular de los derechos.

ISBN: 9780-9887812-7-6

Copyright 2013 © Baldemar Morales

casasolaeditores.com
info@casasolaeditores.com

Para pedidos e información de cursos y retiros

Tel: (714) 686-9786

Email: baldemo@yahoo.com
baldemogonzales@gmail.com

Busco una VOZ:

Baldemar Morales

———————

Este libro está dirigido especialmente para lectores, predicadores, catequistas y todos aquellos quienes tienen un amor profundo a la Sagrada Escritura.

———————

ÍNDICE

AGRADECIMIENTOS	17
PRÓLOGO	19
INTRODUCCIÓN	21
ORACIÓN	23
EL MINISTERIO BAUTISMAL DE LOS LAICOS	25
LA IGLESIA PUEBLO DE DIOS	27
MINISTERIOS Y CORRESPONSABILIDAD	29
LECTOR O PROCLAMADOR	31
TIPOS DE LECTURA	32
PROCLAMACIÓN:	32
NARRACIÓN:	32
NOTICIA:	32
COMENTARIO:	33
REFLEXIÓN:	33
ARTÍCULO:	33
POESÍA:	33
FUNDAMENTACIÓN TEOLÓGICA-BÍBLICA	34
DIALOGO SILENCIOSO ANTE LA PALABRA PROCLAMADA DE DIOS	36
PROFUNDIDAD DE LA PALABRA DE DIOS	38
EL DABHAR DE DIOS	40
JESUS ES LA PALABRA DE DIOS	42
LAS DOS MESAS DE LA LITURGIA	46
SOMOS UNA COMUNIDAD DE LA MEMORIA	48
PROCESIÓN DE LA PALABRA DE DIOS	50
PUNTUACIONES GRAMATICALES	54
COMO LEER LAS PALABRAS DIFÍCILES	58
EJERCICIOS PRÁCTICOS	59
TRABALENGUAS	59
PEDRO	60
TRES TRISTES TIGRES	60
SALSA SALADA	60
¿EN QUE REZA ROSA RIZO?	60
QUE VESTIMENTA DEBERÍA USAR UN PROCLAMADOR	61
LA ESPIRITUALIDAD DEL LECTOR	63
¿QUÉ ES LA LECTIO DIVINA?	63

MEDITATIO	66
ORATIO	67
CONTEMPLATIO	67
¿QUE ES EL LECTOR SEGÚN LA SAGRADA ESCRITURA?	69
CARACTERÍSTICAS ESCENCIALES DEL LECTOR	71
EL ÁREA TÉCNICA PARA UN LECTOR	72
PRONUNCIACIÓN	72
SIGNIFICADO	72
COMO PROFUNDIZAR LAS LECTURAS	74
SEMÁNTICA	74
ETIMOLOGÍA	75
LOS IDIOMAS DE LA BIBLIA GRIEGO, ARAMEO Y HEBREO	76
HEBREO	76
LA IMPORTANCIA DEL CONTEXTO	77
EL PAÍS DE LA BIBLIA	79
PALESTINA	79
MAPA DEL MUNDO ANTIGUO	80
LOS VIAJES DE ABRAHAM	81
EL EXODO DE EGIPTO	81
LA DIVISION DE LAS DOCE TRIBUS DE ISRAEL EN LA ANTIGUA CANAAN	82
PALESTINA ANTIGUO	82
PRIMER VIAJE DE PABLO	83
SEGUNDO VIAJE DE SAN PABLO	83
TERCER VIAJE DE SAN PABLO	84
CIUDADES A LAS QUE SAN PABLO ENVIO CARTAS	84
SAN PABLO Y SU VIAJE A ROMA	85
LAS SIETE IGLESIA DEL APOCALIPSIS	85
GÉNEROS LITERARIOS	88
IMÁGENES LITERARIAS EN EL LENGUAJE BÍBLICO	90
Metáfora	90
Alegoría	90
Parábola	91
BREVE INTRODUCIÓN DE LOS LIBROS DE LA BIBLIA	92
EL PENTATEUCO O LA LEY INTRODUCCIÓN	92
GÉNESIS	92

ÉXODO	94
LEVÍTICO	95
NÚMEROS	95
DEUTERONOMIO	96
LOS LIBROS HISTÓRICOS	97
JOSUÉ	97
LOS JUECES	98
RUT	98
I Y II DE SAMUEL	99
I Y II DE REYES	99
I Y II DE CRÓNICAS	100
ESDRAS Y NEHEMÍAS (EZRA- NEHEMIA)	100
TOBÍAS	101
JUDIT	102
ESTER	102
I Y II DE LOS MACABÉOS	103
LIBROS POÉTICOS O SAPIENCIALES	104
JOB (IYOV)	105
SALMOS (TEHILIM)	106
PROVERBIOS	106
ECLESIASTES O QOHELET(KOHELET)	107
EL CANTAR DE LOS CANTARES	107
SABIDURIA	109
ECLESIÁSTICO O SIRÁCIDA	109
PROFETAS MAYORES	110
ISAÍAS (YESHAYAHU)	110
JEREMÍAS (YIRMAYAHU)	111
LAMENTACIONES (EJA)	112
BARUC	112
EZEQUIEL (YEJEZQUIEL)	113
DANIEL (DANIYEL)	114
LOS DOCE PROFETAS MENORES	
OSEAS, JOEL, AMÒS Y ABDIAS (HOSHEA, YOEL, AMOS,Y OVADIA)	115
OSEAS	115
JOEL	116
AMO	116
ABDIAS	116

JONAS, MIQUEAS, NAHUM Y HABACUC
(YONA, MIJA, NAJUM, JAVACUC) _____ 117
JONAS _____ 117
MIQUEAS _____ 117
NAHÚN _____ 118
HABACUC _____ 118
SOFONÍAS, AGEO, ZACARÍAS Y MALAQUÍAS
(TZFANIA, JAGAI, ZEJAIRA Y MALAJI)
SOFONÍAS _____ 118
AGEO _____ 118
ZACARÍAS _____ 119
MALAQUÍAS _____ 119
EVANGELIO Y HECHOS DE LOS APÓSTOLES _____ 120
EVANGELIO SEGÚN SAN MATEO _____ 120
EVANGELIO SEGÚN SAN MARCOS _____ 121
EVANGELIO SEGÚN SAN LUCAS _____ 122
EVANGELIO SEGÚN SAN JUAN _____ 123
HECHOS DE LOS APÓSTOLES _____ 125
CARTAS DE SAN PABLO _____ 126
CARTA DEL APOSTOL SAN PABLO A LOS ROMANOS __ 127
CARTAS DEL APOSTOL SAN PABLO A LOS ROMANOS_127
I Y II CARTA DEL APOSTOL SAN PABLO A LOS
CORINTIOS _____ 127
II CARTA A LOS CORINTIOS _____ 129
CARTA DEL APOSTOL SAN PABLO A LOS GALATAS ___ 129
CARTAS CISTOLÓGICAS DE SAN PABLO _____ 130
CARTA DEL APOSTOL SAN PABLO A LOS EFESIOS ____ 130
CARTA DEL APOSTOL SAN PABLO A LOS FILIPENSES_131
CARTA DEL APOSTOL SAN PABLO
A LOS COLONESES _____ 131
CARTAS ESCATOLÓGICAS DE SAN PABLO _____ 133
I CARTA DEL APOSTOL SAN PABLO
A LOS TESALONISENCES _____ 133
II CARTA DEL APOSTOL SAN PABLO A LOS
TESALONICENSES _____ 134
CARTAS PASTORALES O ECLESIALES DE SAN PABLO_134
CARTAS A TIMOTEO _____ 134

PRIMERA CARTA DEL APOSTOL SAN PABLO A TIMOTEO	135
SEGUNDA CARTA DEL APOSTOL SAN PABLO A TIMOTEO	135
CARTA DEL APOSTOL SAN PABLO A TITO	136
CARTA DEL APOSTOL SAN PABLO A FILEMÓN	136
CARTA A LOS HEBREOS	137
CARTAS CATÓLICAS O UNIVERSALES	138
CARTA DE SANTIAGO	138
PRIMERA Y SEGUNDA CARTA DE SAN PEDRO	139
I, II Y III CARTA DEL APOSTOL SAN JUAN	140
CARTA DE SAN JUDAS	141
APOCALIPSIS	142
LA INTERPRETACIÓN DE LA BIBLIA EN LA IGLESIA (PONTIFICIA COMISIÓN BÍBLICA)	144
PROBLEMÁTICA ACTUAL	144
MÉTODOS Y ACERCAMIENTOS PARA LA INTERPRETACIÓN	144
RETÓRICA	145
NARRACIÓN	146
EXHORTACIÓN APOSTÓLICA POSTSINODAL VERBUM DOMINI DEL SANTO PADRE BENEDICTO XVI AL EPISCOPADO, AL CLERO, A LAS PERSONAS CONSAGRADAS Y A LOS FIELES LÁICOS SOBRE LA PALABRA DE DIOS EN LA VIDA Y EN LA MISIÓN DE LA IGLESIA	147
INTRODUCCIÓN	147
PARA QUE NUESTRA ALEGRÍA SEA PERFECTA	148
PRÓLOGO DEL EVANGELIO DE JUAN COMO GUÍA	149
EVERBUM DEI -PRIMERA PARTE	149
DIOS ESCUCHA AL HOMBRE Y RESPONDE A SUS INTERROGANTES	150
DIALOGAR CON DIOS MEDIANTE SUS PALABRAS	151
LA PALABRA DE DIOS Y EL ESPÍRITU SANTO	152
BREVE HISTORIA DE ISRAEL	153
GLOSARIO	158
CONCLUSIÓN	166
BIBLIOGRAFIA	168
Notas:	171

¡Que hermosos son sobre los montes los pies del mensajero que anuncia la Paz, que trae buenas nuevas, que anuncia la salvación, que dice a Sion: "Ya reina tu Dios"!

(Isaias 52;7)

AGRADECIMIENTOS

Para mi, este libro es la culminación de mucho tiempo de estudio, observación, investigación y aplicación práctica en los diferentes ministerios parroquiales, en donde nuestro Señor me ha permitido trabajar. Además reconozco que este libro se irá puliendo en la práctica y en la proclamación activa en el *Ambón* de nuestros templos, cuando estemos en la celebración Eucarística.

Lo que sí estoy seguro es que cuando tengamos el privilegio de proclamar la Palabra de Dios, ya no será de la misma manera, por la razón que en este libro encontramos las herramientas necesarias para hacer con más conciencia nuestras lecturas.

También es importante hacer notar de que este libro contiene algunos métodos de interpretación bíblica Católica, gracias a los documentos de la Iglesia sobre la correcta interpretación, entre ellos *"La constitución dogmática DEI VERBUM"*, el documento pontificio sobre la Divina Revelación y la interpretación de la Biblia en la Iglesia por la Pontificia Comisión Bíblica.

También quiero agradecer a mi buen amigo, el padre Jorge Ramírez, fué él, quien hizo una revisión ortográfica y además agradezco sus aportes valiosos sobre este libro, sin dejar también de mencionar a otro amigo; el padre Miguel Cardozo por la revisión teológica y su aporte en el prólogo, igualmente al Ingeniero Guillermo Zuluaga, por toda su ayuda en la cuestión de diagramación computarizada, acompañado de sus palabras que siempre me infundieron ánimo, para trabajar en las cosas de Dios, y por supuesto a Geovanny Espinoza y Ofelia Álvarez por su entusiasmo y sus preguntas frecuentes sobre la terminacion de este libro, y a muchos más hermanos y hermanas quienes siempre estuvieron pendientes sobre el proceso y la culminación, especialmente a los de nuestra parroquia de san Justino Mártir de Anaheim C.A. y a nuestro párroco el padre José Robillard por su entrega y su humildad que han sido una gran enseñanza en mi caminar.

A mi madre, Martha Elena Gonzáles, que tiene gran parecido a la del Evangelio, siempre esta trabajando en nuestra casa para nosotros y por su abundante generosidad y comprensión cuando me hizo falta tiempo, por estar dando cursos sobre lectores y proclamadores en nuestras Diócesis, ella siempre me espero despierta rezando para que regresara con bien a la casa.

Ofrezco a Dios nuestro Señor este trabajo y que sirva de un pequeño aporte en agradecimiento de todo que con manos llenas me ha dado, porque como dijo San Agustín, "cuando Dios amor abrió las manos salimos nosotros" y que sirva para la preparación de nuestros hermanos que quieren ser proclamadores, pero que no hay quien les enseñe o quizá no lo suficiente como queríamos, agradezco también principalmente el privilegio de proclamar la Palabra viviente de Dios: "nuestro Señor Jesucristo" y que esto sea un pequeño aporte a nuestra Santa Madre Iglesia Católica.

Baldemar Morales

PRÓLOGO

La Palabra se hizo carne y puso su morada entre nosotros, leemos en el prólogo de San Juan. También nos dice San Pablo, que Dios nos ha hablado de muchas maneras y en los últimos tiempos nos ha hablado por medio de su hijo Jesucristo.

Dios quiere comunicarse con los hombres, y lo ha hecho de muchas maneras, lo leemos en el Antiguo Testamento, por ejemplo *Los Profetas*.

Los hombres necesitamos de muchas palabras para comunicarnos, Dios solamente una, su hijo Jesucristo, Él es la Palabra del Padre, por medio de Él Dios nos ha dicho todo lo que necesitamos saber para conducirnos, para guiarnos por este mundo y llegar a la casa del Padre, nuestra última morada.

Jesucristo, Palabra eterna del Padre, nos ha revelado quién es Dios, y lo ha hecho por medio de palabras, gestos, acciones, todo Él es revelación del Padre.

Cuando Jesucristo asciende al Padre, nos envía desde el Padre al Espíritu Santo, y Él nos recuerda todo lo que Jesucristo nos había dicho en su vida histórica.

En la Historia, todo se desvanece con el paso del tiempo, si no hay quién lo mantenga vivo en la memoria humana. Y los discípulos de Jesús, tuvieron el cuidado de mantener actual a Jesucristo, anunciando y compartiendo lo vivido con Él. Dieron testimonio de Él.

El acontecimiento Jesucristo, Encarnación, Vida, Muerte y Resurrección, sino hay quien lo siga anunciando, corre el riesgo de que se desvanezca en la historia. Por eso, quienes hemos escuchado y hemos dado paso en nuestras vidas, a una fe en Él, fe que hemos recibido como don de Dios y herencia de nuestros padres, tenemos la responsabilidad de compartirla con las nuevas generaciones, para que a ellos, también les de vida y esperanza, en otras palabras, les de sentido a su vida.

Este libro tiene esta intención, ser una herramienta para todos aquellos que han sido llamados a vivir un ministerio en su comunidad católica cristiana, el ministerio de la Palabra, de recibirla, reflexionarla, meditarla, hacerla vida cotidiana, pero sobre todo anunciarla y compartirla.

Baldemar ha tenido el cuidado de ofrecernos herramientas de como hacer un buen anuncio de la Palabra de Dios, pero también de como hacerla nuestra por medio de la *Lectio Divina*. Además nos ofrece un breve comentario de los libros de la Sagrada Escritura, para contextualizar los textos bíblicos, es decir los momentos históricos en los que Dios se ha comunicado con nosotros los hombres.

Pero este libro alcanzará su objetivo, cuando lo leas y lo pongas en práctica en el ministerio de la Palabra que la Iglesia te ha confiado, prestando tu voz a la Palabra escrita en la Sagrada Escritura.

Pbro. Lic. Miguel Cardozo

Lic. en Teología Dogmática por la

Universidad Gregoriana de Roma.

INTRODUCCIÓN

El anuncio de Jesucristo, su vida, su muerte, su resurrección y glorificación, es la misión de toda la Iglesia. Cuando hablamos de Iglesia estamos incluidos todos, desde la Jerarquía hasta los laicos. Todos los que somos llamados y convocados por el ministerio bautismal, confirmados en el Espíritu Santo y alimentados con el cuerpo de Cristo en la Eucaristía.

Desde esa perspectiva todos estamos llamados a evangelizar, esto lo dejo escrito el Papa Pablo VI. En la exhortación apostólica *"Evangelli Nutiandi"* en donde dice que "evangelizar es la dicha y vocación propia de la Iglesia, su identidad más profunda" (EN, 14). Cuando nosotros proclamamos en la celebración litúrgica, estamos evangelizando, al prestar nuestra voz para anunciar el mensaje de la buena nueva.

El Papa Pablo VI pone en primer lugar los ministerios instituidos, que son el lectorado y el acolitado. Los Lectores, están en la primera línea de la evangelización, entonces tenemos la obligación de evangelizar, el llamado es a toda la Iglesia. Y nosotros siendo parte de ella, entramos en ese llamado universal, un llamado necesario e incesante de parte de Jesús.

Desafortunadamente no existe mucho material en las librerías que se halla escrito sobre el ministerio de los lectores, eso fue lo que me motivo a hacerlo. Gracias al concilio Vaticano II se empezaron hacer algunos esfuerzos. El Vaticano II: Se convirtió en punto de partida para todos estos ensayos y escritos, sobre este importante ministerio en las celebraciones litúrgicas en la Iglesia.

"Busco una voz" curso para lectores y proclamadores. No pretende ser un curso acabado, sino una pequeña aportación desde mi experiencia. Solamente es uno más de los esfuerzos que humildemente quiero presentar a los cristianos comprometidos y llamados a este hermoso ministerio. Lo que busco es animar a las personas quienes han tomado este reto, y que con la fuerza del Espíritu Santo y la mansedumbre de nuestro Señor Jesucristo se dejaran llevar en cada capítulo para así desarrollar y aprender a Proclamar como se debe hacer, con ese compromiso y responsabilidad, hacia el pueblo de Dios.

Busco una voz, ofrece también ayuda en el área técnica del lector, las puntuaciones gramaticales son las que al final le dan color al texto que sea proclamado. El arma que el lector tiene es su voz y por esa razón tenemos ejercicios de pronunciación, que sin duda ayudará a cada uno de los que sean lectores, predicadores, catequistas y todos los que tenemos la oportunidad de hacer el uso de la palabra en la Iglesia.

Además he insertado una breve síntesis de cada libro de la Biblia, lo he hecho con el propósito de que el lector o proclamador tenga una idea muy breve sobre cada libro, del que está siendo ministro cuando se pare en el ambón, frente al pueblo que espera con ánsias la palabra que da vida eterna. Como dice el *Evangelio según San Juan* "le respondió Simón Pedro: Señor, ¿a quién vamos a ir? Tú tienes palabras de vida eterna" (Jn 6,68).

Estoy consciente que quedaran algunas lagunas, confío en Dios nuestro Señor provea personas que vallan llenando poco a poco. Y Él, que es misterio, nos valla revelando día tras día, la hermosura de su Palabra hecha carne, que puso su morada entre nosotros. (Jn 1, 14).

Este libro puede ser aprovechado de varias maneras, primero sería vivir el curso de lectores y proclamadores, ya que tiene dinámicas de concientización que ayudan para un aprovechamiento más completo. Además da la oportunidad de ir evaluando semanalmente nuestras proclamaciones dominicales o diarias, en donde hayan celebraciones los días entre semana. Pero en donde no haya la posibilidad de dar el curso, por las diferentes circunstancias y las distancias largas., también podrán seguir los pasos del libro y tratar de hacerlos. Además de preparar las reflexiones en las clases semanales, de la misma forma que el Espíritu Santo les ayudará.

ORACIÓN

¡Ven Espíritu Santo!, llena los corazones de tus fieles y enciende en ellos el fuego de tu amor. Envía, Señor, tu Espíritu y todo será creado y se renovara la faz de la tierra.

Señor, tu que por medio del Espíritu Santo fuiste creando todas las cosas y guiando la historia, y bajo su inspiración tu pueblo fue escuchando y escribiendo tu palabra, mándanos ese mismo Espíritu para que nos de su luz y su fuerza, para que durante este taller podamos escuchar, comprender, poner en práctica y proclamar dignamente tu palabra al pueblo, que tiene sed y hambre de tí. Por Jesucristo nuestro Señor. Amen.

EL MINISTERIO BAUTISMAL DE LOS LAICOS

No es exagerado decir que toda la existencia del fiel laico tiene como objetivo llevar a conocer la radical novedad cristiana que deriva del bautismo, sacramento de la fe, con el fin de que pueda vivir sus compromisos bautismales según la vocación que ha recibido de Dios. Para describir la <<figura>> del fiel laico consideramos ahora el modo directo y explícito —entre otros— estos tres aspectos fundamentales: el Bautismo nos regenera a la vida de los hijos de Dios; nos une a Jesucristo y a su cuerpo que es la Iglesia; nos unge en el Espíritu Santo constituyéndonos en templos espirituales. (Cristifideles Laici # 10).

Es en este número exhortativo se plantea el llamado al fiel laico y el objetivo que es llevar a conocer de una manera completa y por todos los medios posibles a Jesucristo, lo único que hace un laico al cumplir con estos compromisos de llevar a Jesucristo., es responder al Bautismo por la gracia recibida, que en su regeneración da un nuevo nacimiento, en el agua y El Espíritu (Jn 3; 5) que nos da vida nueva y en plenitud, (Jn 10; 10) después de ser llamados a ser hijos de Dios, lo menos que podemos hacer, es responder a los compromisos como Iglesia. En nuestras familias hemos aprendido desde niños, a tener responsabilidades. En mi caso, la tarea que mis padres me daban para hacer diariamente era, barrer y trapear el piso de nuestra casa. Seguramente en todas las familias hay cierta disciplina, que es como la escuela en donde aprendemos cuando salimos a la sociedad y así cumplir con las obligaciones como ciudadano. Cuando salimos al mundo tenemos derechos acompañados de obligaciones. Al responder al llamado como laicos lo único que hacemos es comportarnos como familia cristiana; cuando te comprometes en este ministerio, no haces nada extraordinario, es lo menos que podemos hacer en agradecimiento.

El Concilio Vaticano II promulgó el decreto del apostolado de los Laicos, en el cual dice que el fundamento de este Apostolado se sitúa en los sacramentos de iniciación cristiana (bautismo, confirmación y Eucaristía), que destina a los fieles de Cristo al apostolado[1] (*Apostolicam Actuositaten n.3*) por eso la palabra clave que recapitula toda esta realidad eclesial es apostolado <<bautismal>>. Al hacer esto, el con-

---

1 (Decreto del Concilio Vaticano II sobre los Apostolados Laicos Apostolicam Actuositaten n.3)

cilio reflejaba perfectamente la situación pre siglo XX. Durante la primera mitad del siglo se iba abriendo conciencias sobre el papel que debían desempeñar los laicos en el apostolado de la Iglesia, en particular a partir de la experiencia de la Acción Católica. (Bernard sesboue sj).[2]

El concilio Vaticano II viene a reforzar, no sólo que el apostolado laical, que es de inspiración bautismal, sino también adhiere lo que son los sacramentos de iniciación cristiana (Bautismo como dijimos anteriormente, además Confirmación y Eucaristía). El apostolado o el envió que nuestro Señor Jesucristo ha hecho a toda la Iglesia, todos los miembros como tal, debemos aceptarla y llevarla por medio de la práctica testimonial y de piedad. En la Iglesia se reconoce y se pide la colaboración del laicado en las responsabilidades eclesiales.

Preguntas para reflexionar:

¿De qué Sacramento nos viene el compromiso como laicos, a dar a conocer la novedad cristiana?

¿Cuál fue el decreto del concilio Vaticano II en donde sitúa el llamado de los laicos en los sacramentos de Bautismo, confirmación y Eucaristía?

---

2 (Libro no tengáis miedo de Bernard sesboue sj).

LA IGLESIA PUEBLO DE DIOS

Esta definición de la Iglesia valoriza la condición cristiana de todos los integrantes, laicos y ministros. Propone también una nueva inserción en la historia y en el mundo, y una nueva configuración de las relaciones en el interior de la Iglesia.

El tercer tema tratado por la asamblea en el Concilio Vaticano Segundo, sin duda que fue de suma importancia, en Latín *Lumen Gentium* (luz de las gentes o de los pueblos.) Fue en esta constitución en donde se designa a la Iglesia como Pueblo de Dios, recordando las citas y términos dados en el Antiguo Testamento sobre el pueblo de Dios Israel.

Eligió como pueblo suyo al pueblo de Israel, con quien estableció una alianza, y a quién instruyó gradualmente manifestándosele a sí mismo y sus divinos designios a través de su historia, santificándolo para sí; pero todo eso se realizó como preparación y figura de la nueva alianza perfecta que había de efectuarse en Cristo, y de la plena revelación que había de hacer por el mismo verbo de Dios hecho carne. *"He aquí que llega el tiempo dice el Señor --, y haré una nueva Alianza con la casa de Israel y con la casa de Judá. Pondré mi ley en sus entrañas y las escribiré en sus corazones, y seré Dios para ellos, y ellos serán mi pueblo... todos desde el más pequeño al mayor me conocerán"*, afirma el Señor (Jer., 31,31-34). La nueva alianza la estableció Cristo, es decir en el nuevo testamento por medio de su sangre (1. Cor., 11,25), convocando un pueblo de entre los Judíos y los gentiles, que se condensara en unidad no según la carne si no en el Espíritu y constituyera un nuevo pueblo de Dios.

Este nombre o término que el Concilio Vaticano II, acuñó a la Iglesia: <<como pueblo de Dios>> vino a darle un sentido completo no solo como reflexión Teológica del Antiguo Testamento. Sino también como termino de inclusión a todos en la Iglesia, quitando o por lo menos bajándole valor a lo que antes del concilio se entendía como "Iglesia", una pequeña parte fundamentalmente jerárquica. Esta visión sobre pueblo de Dios no va a favor del desorden, al contrario, como toda institución siempre debe haber orden, el concilio Vaticano II quiere dar a conocer que todos miembros del pueblo, sea Jerarquía o laicos, tenemos responsabilidades en común, al llamado universal. Los pueblos tienen autoridades como el antiguo pueblo de Dios, Moisés después del consejo de su suegro Jetro elige entre los hombres, a Jueces encargados de los asuntos que ayudan a Moisés en la dirección del pueblo. El texto dice: *"Pero elige entre los hombres del pueblo algunos que sean valiosos y que teman a Dios, hombres íntegros y que no se dejen sobornar y los pondrás al frente del pueblo como jefes de mil, de cien de cincuenta y de diez. Ellos harán de jueces para tu pueblo a cualquier hora, te presentaran los asuntos más graves, pero decidirán ellos mismos en los asuntos de menos importancia, así se llevara tu carga pues ellos la llevaran contigo".* (Ex 18, 21-22).

La autoridad de un pueblo estriba en el sentido del servicio, la cual está para servir al pueblo y mantener la armonía en sus habitantes.

Preguntas para reflexionar:

¿Cuál fue el nombre que el Concilio Vaticano II acuño a la iglesia?

¿Cómo se entendía la Iglesia antes del Concilio Vaticano II?

MINISTERIOS Y CORRESPONSABILIDAD

La primera pregunta que nos podemos hacer sobre cuál es la definición de ministerio o ministro podría ser: ¿qué es ministerio y de donde viene esa palabra? La definición del ministro viene del Latín (minister: el que sirve) es la persona que en la Iglesia desempeña una función con dependencia de otro. O simplemente título de servidor de Cristo y de la Iglesia. El ministerio entonces es el grupo de laicos u ordenados que tienen una función específica. En cuestión de ministerios laicales son funciones que se comparten en la misión de la Iglesia.

Todo ministerio tiene su inspiración en los sacramentos de iniciación cristiana, llamada en el sacramento del Bautismo, movido y confirmado en el Espíritu Santo y alimentada en Eucaristía. Los ministerios cualesquiera que sean en la Iglesia, si no están motivados por los sacramentos, pueden equivocar el camino.

El papa Juan Pablo II en la exhortación apostólica, *Cristifideles Laici* dice que, durante los trabajos del Sínodo convocado para el tema de los laicos, los padres han prestado no poca atención al lectorado y al acolitado. Mientras en el pasado existían en la Iglesia Latina solo como etapas espirituales de itinerario hacia los ministerios ordenados, con el motu propio de Pablo VI *Ministeria Quaedam* nacería el vocabulario de ministerios (gracias a esta opinión dada por el papa en 1972)[3] han recibido una autonomía y estabilidad propia, como también posible destinación a los mismos fieles laicos, si bien solo a los varones. Los padres sinodales han manifestado ahora el deseo de que <<el Motu propio "*Ministeria quaedam*" sea revisado teniendo en cuenta el uso de las Iglesias locales e indicando, sobre todo, los criterios según los cuales han de ser elegidos los destinatarios de cada ministerio.[4]

Así nacería en el vocabulario de la Iglesia los ministerios apostólicos, tienen este nombre porque primero tienen un vínculo muy cercano con la Tradición Apostólica y la misión de la Iglesia universal, también están muy unidos a la jerarquía, Serán movidos por medio del amor.

Esta opinión papal tomaba un nuevo vocabulario <<la funciones que hasta ese momento se llamaban "ordenes menores" deberán de lla-

---

[3] "Motu propio" el Papa de acuerdo a la necesidad y discernimiento en la realidad, da su propia opinión sobre asuntos urgentes en la Iglesia, 15 de Agosto de 1972.
[4] Cristifideles Laici 23,

marse en adelante "ministerios">> El papa creaba así una categoría nueva de "ministerios instituidos" al lado de los "ministerios ordenados" que podían ser conferidos a personas que no se preparaban para el presbiterado. Este importante reconocimiento seguía estando limitado, sin embargo, reconocía solamente a los dos ministerios EL LECTOR O PROCLAMADOR y acólito, aún cuando el texto preveía que la conferencia Episcopales pueden pedir la institución de otros ministerios, como los de portero, exorcista y catequista etc. Así sería como se abriría un campo amplio y reconocía el servicio de la otra parte de la Iglesia llamados laicos.

Preguntas para la reflexión:

¿Dar la definición de ministerio o ministro en la Iglesia?

¿Quién fue el papa que empezó a llamarles ministerios principalmente los ministerios de lector y acólitos?

LECTOR O PROCLAMADOR

La definición etimológica de Lector o Proclamador, se podría clarificar viendo las raíces de las palabras. Leer viene del Latín *Legare*, que quiere decir "pasar la vista por lo escrito o impreso, para conocer su contenido". Mientras Proclamación viene del Latín *Proalamatio*: "Publicación de un decreto, bando o ley, que se hace solemnemente para que llegue la noticia a todos". O también, "publicar en alta voz una cosa para que se haga notoria a todos".[5]

Leer es, esencialmente, un ejercicio privado. La proclamación en cambio, tiene que ver con el compromiso, con el dirigirse a los demás y ser cuestionado por ellos. Para entender la diferencia entre las dos: Debemos reflexionar entre leer una carta de alguien y poder hablar directamente con él.

El lector es un verdadero servidor de la Palabra viviente de Dios, cuando Él proclama la lectura, no se trata de leer palabras escritas en un papel, el lector está proclamando la Palabra viviente. Es por eso que al final de una lectura litúrgica el lector no debe levantar el Leccionario y decir: "Esta es Palabra del Señor" al contrario, sin levantar para nada el Leccionario, el lector mira a la asamblea y simplemente proclama esta es: "Palabra del Señor.".

Ahora bien es posible que cuando reciba una carta de alguien que significa mucho para usted, por ejemplo de un padre, madre, hermanos, esposa, esposo, o novio, al leer la carta usted está creando en la imaginación la presencia plena de tal persona, cuando usted lee la Palabra de Dios tiene un encuentro amoroso con su Padre que es Dios, dicho por el Catecismo de la Iglesia Católica.[6] Pero al proclamar la Sagrada Escritura en la Asamblea es Jesús mismo, presente para ese encuentro amoroso con la audiencia, para conversar con ellos.

O sea que al proclamar fielmente las Escrituras no ha leído solamente en papel o un conjunto de palabras escritas, sino la Palabra viviente de Dios. A través de la proclamación de las lecturas bíblicas es Cristo, Palabra viviente de Dios, Él que es proclamado en la comunidad.

Cuando la Palabra de Dios es proclamada, realmente con convicción, esa palabra debe infundir en los corazones gratitud, disponer a

---

5 Diccionario ilustrado Océano de la Lengua española.
6 CIC.104

los pecadores al proceso de conversión, consolar a los desconsolados, dar fortaleza a los débiles y animar a los desanimados.

TIPOS DE LECTURA

A continuación propongo algunos tipos de lectura, con la finalidad que el proclamador, el catequista, el predicador, tengan la posibilidad de distinguir entre las diferentes clases que existen y de esa manera poder elegir la que crea es conveniente para su ministerio.

Dentro del mundo de la comunicación escrita existen diferentes tipos de lectura, Cada una se expresan de diferente manera. Aunque no todos tenemos la facultad de leer todos esos tipos de lectura, por lo menos es importante que las conozcamos y las practiquemos para tener un dominio sobre ellas.

PROCLAMACIÓN:

Es publicar en voz alta una noticia conocida por todos. La proclamación como la explicamos antes, debe de dirigirse al público con voz fuerte y con mucha elocuencia; la lectura debe ser motivante y animadora.

NARRACIÓN:

Narrar es detallar una exposición de una serie de hechos, este tipo de lectura abarca el cuento, el relato y la novela. Para leer este tipo de lectura la persona interpreta los hechos según el relato.

NOTICIA:

Comunicación de un hecho reciente, normalmente leído, tratando de interpretar los hechos ocurridos. Si es una noticia positiva se leerá en forma motivante. Si es una noticia triste se leerá de una forma triste, tono de voz bajo y lento. En las noticias se debe incluir las preguntas qué, cuándo, dónde, quién, por qué y cómo.

COMENTARIO:

La observación, exposición e interpretación oral de una información o texto. La persona presenta su punto de vista propio sobre cualquier tema, el escritor expone lo que cree que paso.

REFLEXIÓN:

La acción de reflexionar, actividad mental en que el pensamiento se vuelve sobre sí mismo. El lector debe de usar el tono de voz relajado y bajo, debe motivar al público a pensar y analizar sus sentimientos en relación a determinado tema.

ARTÍCULO:

Es una de las partes en las que suele dividirse los escritos publicados en un periódico o revista. Los artículos deben ser interpretados tal como se cree que los escribió el escritor, hay que reconocer el tipo de lectura que se está usando para darle ese sentido.

POESÍA:

El arte de componer versos, carácter que produce una emoción afectiva o estética. La poesía ha sido una de las formas de expresión más usadas por los escritores a través de mucho tiempo, debe ser leída usando tonos de voz adecuados a los sentimientos que se cree experimento el poeta en el momento. Además de expresar lo afectivo, la poesía es un arte que transmite expresiones estéticas.

Preguntas para reflexionar:

¿Cuándo el lector termina de proclamar una lectura, debería de levantar el leccionario? Sí, no, ¿Por qué?

¿Cuál de estos tipos de lectura serán apropiados para quien es parte del ministerio de lectores?

FUNDAMENTACION TEOLÓGICA-BÍBLICA

El lector en el Antiguo Testamento:

El oficio del lector o proclamador lo hacen destacar muchos textos bíblicos como en el Éxodo, cuando Moisés proclama el libro de la Alianza: *Después tomo del libro de la Alianza y lo leyó en presencia del pueblo. Respondieron.* <<*Obedeceremos a Yahvé y haremos todo lo que El pide.* >> Ex 24,7. Josué también lee la ley que había dejado Moisés. <<*Josué leyó las palabras, la bendición y la maldición, como está escrito en el libro de la ley. Josué leyó también las instrucciones de Moisés, sin exceptuar nada, en presencia de la comunidad de Israel, en presencia de las mujeres, de los niños y los extranjeros que vivían con ellos.* >> Josué 8,34-35. Esdras y los levitas sirven de lectores de la Palabra de Dios. Esdras leyó el libro de la Ley de Dios, iba traduciendo y explicando el sentido para que comprendieran la lectura. En esa ocasión su excelencia Nehemías y el sacerdote escriba Esdras, junto con los Levitas que instruían al pueblo, le dijeron a este: <<*¡Este es un día santo para Yahvé, nuestro Dios! ¡No estén tristes! ¡No lloren!*>> Pues todo el pueblo estaba llorando mientras oía las palabras de la Ley. Nehemías 8; 9. La lectura del Antiguo Testamento tiene un significado cultural, se veía la necesidad de los lectores religiosos quienes debían leer en rollos o pergaminos y muchas veces hasta las mismas piedras. Era una tarea fundamental para el lector y que el pueblo debía escuchar con solemnidad. El lector va en la línea profética; lee, entiende, asimila y proclama vivamente con su expresión personal la Palabra de Dios, contribuyendo con su revelación.

En el Nuevo Testamento, Cristo mismo leyó en la sinagoga, realizó la función de Lector. En Lc 4, 17 refiriéndose al texto de Isaías lo explica a sus oyentes. <<*Él es la manifestación del Padre, imagen de Dios su verbo*>>.

Para la Iglesia la evangelización es una urgencia Mc 16,15 y Jesús les dice <<Id y enseñad>> Mt 28, 19-20 este ministerio le fue confiado a Cristo y Éste se lo confió a la Iglesia, para sanar a su pueblo y a las necesidades eclesiales, en la cual es una expresión ministerial esencial de la Iglesia. Como nos dice San Pablo en la carta que le escribe a los Corintios de la diversidad de Ministerios entre ellos el lector. 1 Co 12, 4-5.

Preguntas para reflexionar:

¿Menciona dos lectores del antiguo testamento que proclamaron la palabra de Dios al pueblo?

¿Cuál es la cita de las Sagradas Escrituras en donde San Pablo habla sobre los ministerios como carismas en la Iglesia?

DIÁLOGO SILENCIOSO ANTE LA PALABRA PROCLAMADA DE DIOS

La Palabra de Dios, su revelación personal, nos llega en la historia bajo la forma de un mensaje. La proclamación de las Escrituras que hace el lector permite que la asamblea reciba este mensaje divino. Sólo cuando la palabra de Dios es dirigida a una comunidad de Fe se convierte en auténtica "Palabra". La Palabra de Dios exige un dialogo entre Dios y la humanidad, y el ministerio del lector da inicio a ese diálogo,

El Papa Juan Pablo II escribe:

No se ha de olvidar, por lo demás, que la proclamación litúrgica de la Palabra de Dios, sobre todo en el contexto de la Asamblea Eucarística, no es tanto un momento de meditación y catequesis, sino que es el diálogo entre Dios y su Pueblo, en el que son proclamadas las maravillas de Salvación y son propuestas siempre de nuevo las exigencias de la Alianza. El pueblo de Dios por su parte, se siente llamado a responder a este diálogo de amor con la acción de gracias y alabanza, pero verificando al mismo tiempo su fidelidad en el esfuerzo de una continua "conversión". (Dies Domini, 41).

Un Sacerdote joven que se había ordenado dos años antes, llegó a la parroquia de mi pueblo, lo primero que me sorprendió de él, fue la vitalidad en la proclamación, el entusiasmo al impartir y la manera de celebrar de la Santa Misa. Sin embargo un domingo después de la liturgia de la Palabra, dejó un tiempo antes de empezar la homilía dominical, se hizo un silencio majestuoso y daba la impresión que este tiempo estaba planeado por Dios, para estar en reflexión silenciosa. Nadie se precipitaba. En ese momento sentí que estábamos inmersos en un diálogo exquisito de Amor con nuestro Dios. Fue un espacio largo no se decía nada hasta que el Sacerdote joven prosiguió, sentí que las personas hubieran querido seguir en aquel momento placentero, solemne y de quietud.

Me di cuenta que el momento presenciado era un hermoso momento dialogal, un tipo de diálogo entre el proclamador y la asamblea receptora, tal como debería suceder cada domingo en todas las comunidades. Cuando el lector, diácono o sacerdote ha proclamado la Palabra de Dios en modo efectivo, podemos esperar este tipo de diálogo. Tal vez no se trate de murmurar en voz baja, sino en el silencio del corazón de la gente, pero que, de alguna manera, está respondiendo a lo que escucharon, dirigiendo sus propias preguntas y reacciones hacia el ambón.

Preguntas para reflexionar:

¿Cuándo la lectura se convierte realmente en palabra de Dios?

¿Cuándo se proclama la palabra en una asamblea litúrgica, es un momento para: a. La Meditación b. La Catequesis c. el Diálogo?

PROFUNDIDAD DE LA PALABRA DE DIOS

"En efecto, la Palabra de Dios es viva y eficaz, más penetrante que espada de doble filo, y penetra hasta donde se dividen el Alma y el Espíritu, los huesos y los tuétanos, haciendo un discernimiento de los deseos y los pensamientos más íntimos. (Hebreos 4,12)"

La imagen de espada de doble filo sugiere la manera en que la proclamación de la Palabra puede hablar en el corazón de nuestra existencia. A continuación una reflexión al respecto de Lawrence Cunningham:

Esta palabra tiene "doble filo" porque, en contraste con cuchillo corto de un solo filo usado por los soldados Romanos, su finalidad no es cortar sino penetrar. Cada vez que escuchamos la Palabra, ella entra en nosotros en profundidad. Tal vez esto no suceda así siempre, pero contiene toda la fuerza para que se dé de esta manera.

Los lectores deben creer que este tipo de encuentro transformador es posible cada vez que suben al ambón para desempeñar su ministerio. Sin embargo para que este tipo de encuentro se realice, el Lector debe honrar al peligroso carácter de la Escritura. Uno de los errores comunes en los cristianos es la tendencia a suavizar o domesticar los textos bíblicos reduciéndolos a una serie de tibios principios morales.

Tomas Merton hizo una advertencia al respecto:

En pocas palabras, la Palabra de Dios no es para nada agradable hasta que no nos familiarizamos con ella de tal manera que la hacemos agradable para nosotros mismos. Pero tal vez lleguemos a estar demasiado familiarizados con ella. Tratemos de no estar demasiado familiarizados seguros de que conocemos la Biblia, solo por el hecho de haber aprendido a no sorprendernos ante ella. ¿Hemos aprendido a no tener demasiado en cuenta las advertencias? ¿Hemos dejado de cuestionar el libro por dejarnos de cuestionar por Él? de lo contrario, es posible que nuestra lectura no sea tan seria como pensamos.

El Ministerio del lector debe estar cimentado sobre una lectura y proclamación seria de la Palabra de Dios como si estuviera manipulando la espada más peligrosa y delicada.

Palabras para reflexionar:

¿Da una definición de la espada de doble filo de hebreos 4;12?

¿Quién dijo que hemos dejado de cuestionarnos por el libro y por eso es posible que nuestra lectura no sea seria?

EL DABHAR DE DIOS

Dabhar en los textos hebreos: con frecuencia, la versión en hebreo de palabra, *dabhar*, es usada para describir el modo de obrar de Dios en la historia. En el Génesis Dios crea a través de su Palabra. Se nos dice que los profetas escuchan y proclaman la Palabra de Dios, Palabra que es dirigida al pueblo de Israel. Para Israel hablar de la *dabhar* de Dios significaba afirmar a la presencia efectiva y transformadora de Dios en el mundo.

El dabhar de Dios era más que un evento; era lo que sucede cuando una persona o una comunidad en cierto sentido se sienten dirigidos por Dios. En los textos hebreos de la Biblia este evento, es el encuentro entre Dios y su pueblo a través de su Palabra, no era un encuentro común y corriente. Era, de hecho, un encuentro salvador. Esto equivale a decir que, cuando se sintieron dirigidos por Dios, así como Moisés se encontró con la zarza ardiente en el Monte Sinaí, en cierto modo fueron alcanzados y transformados por ese encuentro, dirigidos por la palabra de Dios, Moisés fue invitado a quitarse las sandalias, porque se encontraba en una tierra sagrada.

Con razón por medio del catecismo de la Iglesia, se afirma que quien se confronta con la Palabra de Dios, tiene un encuentro Amoroso con su Padre. Hay un encuentro verdadero por medio del Amor. El *dabhar* de Dios es una interpelación con la vida, una lucha en la cual nos sentimos vencidos por nuestro Dios que nos gana con la fuerza del Amor total. En la Sagrada Escritura, la Iglesia encuentra sin cesar su alimento y su fuerza, porque en ella, no recibe solamente una palabra humana, si no lo que es realmente: la "la Palabra de Dios" (1 Ts 2, 13). *"En los libros sagrados, el Padre que está en el Cielo sale amorosamente al encuentro con sus hijos para conversar con ellos"* (CIC 104).

La Palabra de Dios es efectiva por sí misma. Y en el libro de Isaías encontramos un magnifico testimonio de esa efectividad.

Como baja la lluvia y la nieve de los Cielos
Y no vuelven allá sin haber empapado la tierra,
Sin haberla fecundado y haberla hecho germinar,
Para que dé la simiente para sembrar y el pan para comer,
Así será la palabra que salga de mi boca.
No volverá a mí con las manos vacías
Sino después de haber hecho lo que yo quería,
Y haber llevado a cabo lo que le encargue. Is 55,10-11.

Para Isaías el hablar de la Palabra de Dios, era hablar de la acción de Dios en la vida y en la historia. Es la presencia efectiva en la situación en que vive el pueblo. La certeza de que en la proclamación, Dios va a actuar no por dependencia del propio profeta, sino a pesar del profeta. La Palabra de Dios es eficaz por sí misma. Para los cristianos esta palabra salvadora llega a su punto culminante en Jesús de Nazaret. Nunca la Palabra va estar subvencionada de acuerdo a quién la proclame. El proclamador hace un servicio para que la Palabra se desarrolle en la vida de los que atentamente la escuchan.

El *DABHAR* es también traducida como un ASUNTO: es como un trato que tienen las dos partes que están en acuerdo mutuo.

Preguntas para reflexionar:

¿En hebreo el Dabhar *tiene una definición de palabra única: si, no?*

¿El profeta Isaías dice que la Palabra de Dios no vuelve sin haber hecho lo que quería, cuál es la cita bíblica?

JESUS ES LA PALABRA DE DIOS

Esta comprensión de la Palabra de Dios como un evento efectivo y transformador alcanza un nivel más profundo cuando es asociada no sólo con una palabra o con palabras que Dios pronuncia, sino con la definitiva Palabra de Dios. En el comienzo del Evangelio de San Juan encontramos este hermoso y poético prologo.

En el principio era la Palabra,

Y la Palabra estaba ante Dios,

Y la Palabra era Dios.

Ella estaba ante Dios en el principio.

Por Ella se hizo todo,

Y nada llego a hacer sin ella

Tenía vida en Ella.

Lo que fue hecho tenía vida en Ella,

Y para los hombres la vida era Luz,

La luz brilla en las tinieblas,

Y las tinieblas no la impidieron.

Y la Palabra se hizo carne,

Puso su tienda entre nosotros,

Y hemos visto su Gloria:

La Gloria que recibe del Padre el Hijo único;

En El todo era don amoroso y verdad.

Jn 1,1-4.14

En este texto se expresa que la misma Palabra creadora de Dios, estuvo activa en la creación, y presente en la predicación de los profetas, ha interrumpido el mundo como uno de nosotros, en forma completa y definitiva. De allí en más, en el Nuevo Testamento la expresión de Palabra de Dios significara la palabra creativa y salvadora de Dios manifestada en forma completa y perfecta en Jesús de Nazaret.

En Jesús la revelación divina asume la forma no de una información, de hechos o de doctrinas; la revelación viene a nosotros como una persona. La comunicación de la Palabra de Dios a nosotros en Jesús es el don de sí mismo que Dios nos hace a cada uno de nosotros. En Jesús, la Palabra encarnada, es por donde Dios comparte con nosotros nada más y nada menos que su verdadera vida.

Esto se encuentra reflejado en el comienzo de la primera carta de San Juan:

Aquí tienen lo que era desde el principio,

Lo que hemos oído,

Lo que hemos visto con nuestros ojos

Y palpado con nuestras manos

Me refiero a la Palabra que es vida

Porque la vida se dio a conocer,

Hemos visto la vida eterna,

Hablamos de Ella y se las anunciamos,

Aquella que estaba con el Padre

Y que se nos dio a conocer.

Lo que hemos visto y oído

Se los anunciamos también a ustedes

Para que estén en comunión con nosotros,

Pues nosotros estamos en comunión con el Padre

Y con su hijo Jesucristo.

Y les escribimos esto

Para que nuestra alegría sea completa.

1 Jn 1,1-4

El maravilloso texto de la primera carta de San Juan nos inspira y transmite esta hermosa verdad de que, en Cristo, la Palabra de Dios encarnada. Nosotros podemos establecer una relación de amistad con Dios; el anuncio es para saber nosotros, en primer lugar, que Dios es nuestro amigo, que no está en pleito con nosotros; solo cuando hemos comprendido el sentido profundo de Dios, de que se comunica así mismo como la Palabra hecha carne, entonces podemos comprender porque a las Escrituras les llamamos Palabra de Dios. Dios no necesita intermediarios para hacer llegar su Palabra, es Él mismo quien nos lo trae y se complace en hacerlo.

La proclamación de la Palabra debe dar un gesto de alegría, el proclamador es el que conoce, palpa, digiere, y encuentra en la palabra de Dios para luego poder llevarla a los demás. La vida es el mejor parámetro para ver si realmente se ha encarnado en nosotros, y como dice San Juan, les escribimos para que nuestra Alegría sea completa, la Palabra de Dios debe inyectar en los corazones ganas de seguir viviendo y dar alegría para el peregrinaje aunque sea por espinos; que esa misma Palabra nos de la fuerza y tenacidad para seguir.

Nosotros creemos en la Palabra revelada, no en palabras reveladas.

Una de las cosas que distingue a los cristianos católicos de otras religiones es nuestra comprensión de los textos Sagrados. Aun cuando todas las grandes religiones tienen algún tipo de texto sagrado, la tradición budista tiene el tripitaka, el Hinduismo tiene el Upanishads y la literatura Védica, el judaísmo tiene el Tanak (lo que los cristianos generalmente llaman el Antiguo Testamento) y el Talmud, así como el Islam tiene el Corán. Sin embargo hay algo que diferencia al cristianismo católico de todos ellos y tiene que ver con la comprensión de las Sagradas Escrituras. Para el Islam el Corán es un texto revelado que contiene palabras reveladas. El Corán fue literalmente dictado por el profeta Mahoma. Es por eso que en el Islam el verdadero Corán no puede ser traducido. La versión original Árabe es el único texto revelado.

La visión del cristianismo Católico es bastante diferente. Nosotros creemos que Dios ha pronunciado a lo largo de la historia. Antes de Cristo, Dios transmitió su Palabra a través de la ley, las enseñanzas de los profetas y en los hechos salvíficos realizados a lo largo de la historia.

En la plenitud de los tiempos como nos dice la carta del Apóstol San Pablo a los Gálatas (ver Gal 4,4), Dios habló a través de su palabra de la salvación de Cristo. Los seguidores de Jesús conservaron su encuentro con Cristo, la Palabra hecha carne, comunicando la buena noticia a través de las historias, himnos y colecciones de los dichos de Jesús. Pablo de Tarso escribió con frecuencia cartas pastorales a las comunidades que había fundado, para exhortarlos a ser fieles a la fe, a corregir sus errores o simplemente para responder a sus preguntas.

Aun cuando los textos del nuevo testamento normalmente fueron escritos varios años después de la muerte de Cristo. Nosotros creemos que, por el poder del Espíritu, son testimonios del encuentro de las primeras comunidades cristianas con la Palabra de Dios viviente. Por eso creemos que la Biblia es la Palabra de Dios expresada a través de las palabras humanas. Las palabras que leemos en la Biblia no fueron dictadas por Dios a los apóstoles. Los autores bíblicos escribieron con palabras humanas lo que ellos mismos seleccionaron del limitado archivo de conocimientos que tenían para comunicar, lo mejor que pudieron, en su encuentro con la Palabra viviente de Dios.

Nosotros creemos que ellos fueron inspirados al escribir lo que escribieron, no en el sentido de que las palabras les fueron dictadas, sino porque el Espíritu Santo trabajó en y a través de sus propios límites y capacidades humanas como autores bíblicos. En efecto, debemos admitir que no tenemos ninguna versión original de los libros de la Biblia. Aceptamos la posibilidad de cambios en el manuscrito y de nuevas traducciones, justamente porque el hecho de que creamos que un texto es inspirado, no significa que sea invariable. Más creemos en una Palabra viva de la que fielmente se da testimonio en los escritos de Israel y luego en las comunidades apostólicas cristianas.

Preguntas para reflexionar:

¿Cuál es el parámetro para saber si la Palabra se ha encarnado en nosotros?

¿Cómo Católicos creemos en palabra revelada o en palabras reveladas? ¿Por qué?.

LAS DOS MESAS DE LA LITURGIA

Uno de los progresos más importantes del Concilio Vaticano II fue su reafirmación de la importancia de la Biblia, como testimonio privilegiado de la Palabra de Dios. No solo los futuros sacerdotes recibieron mucha más formación en el estudio de las Escrituras, sino también los laicos fueron invitados a estudiarlas. Hubo un llamado a realizar más traducciones en lenguas locales. Por último el Concilio pide que se extienda la Liturgia de la Palabra, en su constitución sobre la Sagrada Liturgia, ordena lo siguiente:

"Los tesoros de la Biblia deben ser abiertos más generosamente, de modo tal que en la mesa de la Palabra de Dios sea distribuido un alimento más abundante. De esta manera, una porción más representativa de las Sagradas Escrituras será leída al pueblo en un número determinado de años" (n 51).

En el corazón de la renovación litúrgica animada por el concilio está la convicción de que descubrimos a Dios tanto en la proclamación de la Palabra como en la fracción del Pan.

La carta Apostólica del Papa Juan Pablo II sobre la Eucaristía del Domingo *"En los libros sagrados, el Padre que está en el Cielo sale amorosamente al encuentro con sus hijos para conversar con ellos"* (CIC 104).

Dominicae Cenae, que escribió en los primeros años de su pontificado, habla de la doble mesa de la Palabra y de la Eucaristía.

Sabemos muy bien que desde los primeros tiempos la celebración de la eucaristía estuvo unida no solamente a la oración, sino también a la lectura de la Sagrada Escritura y con el canto de toda la asamblea. Como resultado, por mucho tiempo ha sido aplicado a la Misa la comparación, hecha por los padres, con las dos mesas que la Iglesia prepara para sus hijos: la Palabra de Dios y la Eucaristía. Es decir el pan del Señor (n 10).

Y luego, en *diez domini*, al ofrecer otras meditaciones sobre el domingo como día del Señor.

El papa escribía:

"La mesa de la Palabra ofrece la misma comprensión de la historia de la Salvación y especialmente del ministerio Pascual en el que Jesús resu-

citado se dio a sí mismo a sus discípulos: es Cristo el que habla, presente en su Palabra "cuando la Sagrada Escritura es leída en la Iglesia." (N 39)

Esta penetración en la naturaleza de la liturgia se refleja en el mobiliario litúrgico contemporáneo. El Ambon generalmente es construido en forma de mesa, sugiriendo que nos acerquemos a recibir el alimento tanto en la mesa de la Palabra, la mesa verbi, y la mesa de la Eucaristía.

Este sentido de doble alimento de la Palabra y de la Eucaristía se hace eco de la maravillosa historia del encuentro de los dos discípulos con Jesús resucitado camino de *Emaús*. Los discípulos gradualmente reconocieron a Cristo a través de la cuidadosa enseñanza sobre las Escrituras y, luego, cuando lo invitaron para que fuera a su casa, en la fracción del pan. (Lc 24, 13-32). La verdadera naturaleza de las Escrituras se pone de manifiesto en la liturgia de la Iglesia.

Louis-Marie Chauvet en su libro símbolo y Sacramento (*Symbol and Sacrament*) sugiere que la biblia es más plenamente Escritura Sagrada de la Iglesia en la celebración de la liturgia. Dicho de otra manera, sólo cuando es proclamada en la celebración de la Eucaristía aparece como evidente el hecho que las Escrituras sean "el libro de la Iglesia". Consideremos este movimiento en cuatro Partes:

a) La Palabra, bajo la forma de libros de los Evangelios, es llevada a la asamblea litúrgica por un lector o un Diácono.

b) Este texto escrito recibe una voz cuando la Palabra se proclama a la asamblea, manifestando esta palabra como "Palabra viviente";

c) La comunidad de los creyentes se nutre de la Palabra y se compromete, entrando en un silencioso dialogo con sus enseñanzas.

d) Esta Palabra es convalidada como la auténtica Palabra de Dios a través de la presidencia del ministro ordenado que representa a la Tradición Apostólica.

Preguntas para reflexionar:

¿Por qué dijo el Concilio Vaticano II, que teníamos dos mesas en la Liturgia?

¿Cuándo es convalidada como autentica palabra de Dios?

SOMOS UNA COMUNIDAD DE LA MEMORIA

Dinámica la memoria del pueblo de Dios:

Material:

Una mesita o mesas para hacer un altar.

Unos manteles blancos o de colores para cubrir la mesa.

Dos floreros para las esquinas de las mesas.

Un cirio o veladoras.

Un vaso de agua.

Un poco de tierra en un vaso.

Hacer un reclinatorio para la Biblia.

Música de reflexión.

Desarrollo de la dinámica: (esta dinámica se hace en momento de reflexión y oración). La mesa aparece en el lugar en donde se lleve el curso cubierta con los manteles. Hacer una procesión con los símbolos primero con la biblia. Levantada con las dos manos, para que sea notorio para todos los participantes. Al poner la biblia se explica que ahí está la historia del pueblo de Dios que también tiene reflejo de nuestra propia historia, que se va escribiendo día tras día.

Entran las personas con los ramos de flores: estas flores significan los momentos de nuestra vida de alegría, cuando nos hemos sentido bien, contentos, exitosos, agradecidos, cuando en nuestra vida sale un suave perfume. Con nuestras familias, nuestros padres, nuestros hermanos y demás familiares, además de los amigos, los hermanos de nuestra comunidad parroquial etc. Principalmente el encuentro con Jesucristo. Se ponen los floreros a los lados, también se pueden poner varias flores, alrededor de la mesa recordando que han sido muchos los momentos alegres en nuestra vida. (Podemos ir compartiendo los momentos felices de nuestra vida, cada uno de los participantes).

Entra el cirio o la veladoras. Es la luz de la palabra. Se canta o se recita el Salmo 26, *Yahveh es mi luz y mi salvación, ¿a quién he de temer?* la luz es la que nos va marcando, el camino por donde caminamos. Las luces se ponen a los costados, si es solo un cirio o veladora se pone a un lado que no quite visibilidad a la Biblia. También significa nuestra Fe, la seguridad de que nunca hemos estado solos.

El vaso de agua entra enseguida como símbolo de las Sagradas Escrituras que calman la sed nuestra.

Como jadea la cierva, tras las corrientes de agua, así jadea mi Alma, en pos de ti, mi Dios. Tiene mi alma sed de Dios, del Dios vivo: cuando podré ir a ver la faz de la tierra (Salmo 42, 2-3). El agua en las Sagradas escrituras son las que calman nuestra sed. En el Evangelio según San Juan dice: *pero el que beba del agua que yo le dé, no tendrá sed jamás, sino que el agua que yo le dé se convertirá en el en fuente de agua que brota para la vida eterna.*(Jn 4,14).

El vaso de tierra significa: los trabajos, los sufrimientos en nuestra historia, los problemas en donde dejamos nuestros sudores, Si vivimos en otros países el recuerdo de nuestra tierra que dejamos, el dolor que sentimos al dejar atrás a nuestra familia, Pero también significa la creación en donde vivimos.

Compartimos cada uno una experiencia o momento triste en nuestra vida, hacemos oración y agradecemos a Dios por acompañarnos en esa experiencia. Además recordamos y compartimos los momentos más felices que están en nuestra memoria y terminamos la experiencia.

Compartimos testimonios sobre esta dinámica quien desee hacerlo y escuchamos con atención.

PROCESIÓN DE LA PALABRA DE DIOS

Cuando en la Liturgia la Palabra es llevada en procesión por el lector o el diácono, tomamos conciencia de la importancia que tuvo el texto escrito como un Testamento para "la historia terrenal de los creyentes." La procesión con la Palabra nos recuerda que somos un pueblo de la memoria a través del testimonio inspirado del pueblo de Israel y las antiguas comunidades apostólicas.

Esta colección escrita de historias, enseñanzas, himnos, proverbios y exhortaciones nos recuerda que no sólo nos reinventamos cada día, sino que además estamos vinculados a una memoria Sagrada que preserva para nosotros nuestra identidad como el nuevo Pueblo de Dios. Para ser una comunidad de la memoria esto es verdaderamente contracultural.

Esto va contra dos de las más comunes tendencias de nuestra época, ambas destinadas a estar inmersas en el presente sin ningún intento de cuestionar a la sabiduría de la Tradición o de refugiarse en el pasado sin considerar seriamente los problemas y las oportunidades de nuestra época. La memoria es más que un *"anticuaria ismo"* o un tradicionalismo histórico. La memoria, eso que la tradición bíblica llama *Anamnesis*, significa traer del pasado al presente y encarar los nuevos problemas y desafíos de hoy con la sabiduría del pasado. O como dice el Catecismo que en las asambleas litúrgicas la *Anamnesis* se refiere a las obras salvíficas de Dios en la historia "el plan de revelación se realiza por obras y palabras intrincadamente ligadas;…. Las palabras proclaman la obras y explican su misterio". En la liturgia de la Palabra el Espíritu Santo recuerda a la Asamblea todo lo que Cristo ha hecho por nosotros.

Una celebración hace memoria de las maravillas de Dios en una *anamnesis* más o menos desarrollada. El Espíritu Santo que despierta así la memoria de la Iglesia, suscita así la acción de gracias y la alabanza. (CIC 1103) La Proclamación hace una *Anamnesis* sobre nuestro pasado y ver nuestra vida del presente. Es como un lente que nos da el Espíritu Santo para ver revelado nuestra vida de hoy, con nuevas inquietudes, ilusiones y suscita entusiasmo para proseguir en este peregrinar.

La Especialista en Liturgia Mary Collins hace una hermosa reflexión sobre esta particular comprensión del sentido bíblico de la memoria.

Anamnesis es un término propio del lenguaje bíblico que la Iglesia adoptó hace mucho tiempo y que recientemente fue recuperado por el lenguaje litúrgico… tal vez podamos comprender mejor su significado si lo consideramos indirectamente. *Anamnesis* se refiere a un tipo de recuerdos humanos. Comúnmente estamos acostumbrados a hablar más bien de su opuesto: Amnesia. Estamos familiarizados con el desorden que provoca la amnesia clínica, un diagnostico dado para nombrar un lapsus de la memoria en una situación crucial. El amnésico no es la persona que extravía sus anteojos una vez, sino la que ha olvidado quién es. Ha perdido la conciencia de sus relaciones básicas que le dan identidad… *"Anamnesis"* y *"Amnesia"* derivan de la misma raíz Griega. Los usos bíblico y litúrgico de la palabra *"Anamnesis"* provienen de la percepción de que hay un desorden análogo al de la amnesia clínica que afecta a la comunidad humana. Ser humano es ser amenazado por la amnesia Espiritual por largo tiempo no recordamos quienes somos realmente. Esas relaciones fundamentales que construyen nuestra identidad espiritual se escapan de nuestra conciencia con demasiada facilidad, y por eso caemos en una no comprensión más profunda.

Sin un cierto tipo de memoria, nuestra existencia se vuelve algo sin raíces; lo cual nos obliga a reinventarnos continuamente a nosotros mismos. En efecto, sin una comunidad de la memoria necesitamos crear aquellas historias y mitos de la sociedad en que vivimos, que, con frecuencia, son historias de codicia y narcisismo, historias que convierten al sexo en comodidad y al pobre y al sin techo en desubicados que no sabemos dónde ponerlos en nuestro vecindario. O crear historias basadas en el consumismo desproporcionado, hemos perdido el corazón generoso, porque la memoria no nos recuerda sobre nuestro pasado de pobreza y necesidad incluso en los países desarrollados han perdido la memoria de que, en el pasado fueron inmigrantes buscando en donde sustentar las necesidades básicas para sus familias. Tienen Amnesia, lo cual los hace no tolerar en su tiempo, que haya otros que inmigren a su tierra, buscando lo que ellos o sus padres hicieron en otro tiempo de la historia; cuando llegaron a acomodarse en otra tierra que no era suya.

La comunidad cristiana debe ser una comunidad de la memoria, una comunidad que se aferra a la vida y a las enseñanzas de Jesús, tal como ha sucedido en nuestra Tradición, una de las verdaderas fuentes de vida.

Como comunidad recordamos las historias de nuestro pasado, de Moisés y los israelitas, de los profetas, de Jesús y de las primitivas comunidades cristianas. Volvemos a contarlas no porque estemos interesados en los hechos históricos sino porque creemos que al volver a contarlas hacen que la realidad que comunican se hace presente ahora para nosotros. Estas historias ofrecen una renovación de la dimensión humana que debemos rescatar frente a las complejas cuestiones y situaciones con las que debemos confrontarnos.

Cuando como lector tienes la ocasión de llevar en procesión el "Libro de los evangelios", deberías recordar que estas sosteniendo en alto la Sagrada Memoria de esa comunidad de Fe, eres un ministro privilegiado de la propia memoria de la Iglesia. A través de esos textos escritos tienes la tarea de recordarnos quienes somos.

Preguntas para reflexionar:

¿En qué momento reflexionamos que la Biblia es libro de memoria en la Eucaristía?

¿Qué es la anamnesis?.

Dinámica de la Esponja:

Mi maestro de Sagradas Escrituras: el Padre: Javier Saravia S.J. que en paz descanse, nos enseñó una dinámica, la cual quiero compartir con ustedes, la dinámica sobre la memoria del pueblo de Dios.

La dinámica va de la siguiente manera:

Una esponja, un recipiente de vidrio, una mesa en donde poner las cosas y si quieres música suave para reflexionar.

Desarrollo de la dinámica:

Se consigue para este momento una esponja y un recipiente de agua:

Cómo va la dinámica:

Miren esta esponja que tengo en la mano, así es el corazón y la vida de los pobres y sencillos: llena de poros, de sentidos abiertos para recibir esta agua de la palabra de Dios. Miren como la esponja va chupando, absorbiendo todo y parece que no tiene agua. Parece que esta igualita que antes...

Pero no... cuando lo problemas de la vida nos empiezan a apretar, empieza a apretar y escurrir agua y más agua... y así damos de beber a tantos sedientos. Eso que hemos oído y recibido no sabemos cuándo ni cómo, pero se va a hacer agua viva para la vida.

Todos, igual que los primeros apóstoles, y las comunidades cristianas tenemos dificultades para memorizar, ellos memorizaban con más facilidad, quizá porque no tenían televisión y tantos libros, ellos tenían mucho más práctica para memorizar que nosotros.

Los primeros cristianos tenían el corazón como una esponja, la comunidad era una esponja que iba recibiendo las palabras de Jesús, observando sus hechos y así estos y aquellos fueron quedando guardados, ocultos en el corazón. Se sumergieron y se empaparon en el río de Jesucristo.

Miren como estoy llenando de agua esta esponja de las comunidades cristianas primitivas... y pasados los años, cuando eran apretados por los problemas y necesidades de la vida, poco a poco fueron exprimiendo la esponja de la memoria y fueron saliendo gotitas, recuerdos de las palabras y acciones de Jesús.

Al comienzo fue la predicación de la muerte y resurrección, luego la síntesis de la fe llamadas "Credos", los catecismos para enseñar la doctrina, los himnos y los cantos de sus liturgias, las colecciones y dichos de Jesús etc.

Cuando empieza la procesión de la Palabra al empezar la Eucaristía, debemos mirar cuidadosamente su recorrido, porque allí va también nuestra memoria los hechos y dichos de Jesús en nuestra propia vida, este momento que nos quedamos fijos y que acompañamos la Palabra o el leccionario. Desde ahí empezamos a recordar en nuestro interior el camino con Jesucristo.

Compartimos nuestros testimonios de la dinámica, de la esponja.

PUNTUACIONES GRAMATICALES

Los signos de puntuación orientan al lector respecto a la entonación y a las pausas del habla. Son de gran importancia para resolver ambigüedades del sentido o interpretaciones antiguas, así como la intencionalidad misma del mensaje, que el lenguaje oral resuelve con la entonación. No es lo mismo decir: Ya está bien, que ¿ya está bien? O ¡ya está bien!, ya está. ¡Bien!, etc.

La puntuación también sirve para señalar la organización de las ideas, como sucede con la separación en párrafos por medio de punto y aparte, o para marcar las voces de distintos hablantes, o los planos distintos que se insertan en un mismo discurso lingüístico.

Los principales signos de puntuación son:

Coma (,)	Comillas (""), («»), (' ')
Punto (.)	Guión (-)
Punto y coma (;)	Raya (_)
Dos puntos (:)	Paréntesis (())
Puntos suspensivos (…)	Interrogación (¿?)
Corchetes ([ ])	Exclamación (¡!)

De estos signos algunos sirven para matizar distintas clases de pausas y, en menor medida, para marcar variaciones en la entonación; por ejemplo, la coma, el punto y coma, el punto, los dos puntos y los puntos suspensivos. Otros son señales básicamente de entonación; por ejemplo, la interrogación, la exclamación y los paréntesis. En cuanto a las comillas ("altas" o inglesas, «bajas» o españolas y 'simples'), se utilizan para insertar citas, significados de palabras, etc. Otros signos de acotación son los paréntesis o corchetes (los corchetes generalmente se usan cuando las lecturas son largas y la Iglesia da la opción para leer la forma corta o en otro caso la lectura larga, siendo separada por los corchetes). Las rayas o guiones largos se emplean para introducir diálogos o incisos. El guión corto por su parte sirve para unir o separar según los casos.

En suma, gracias a esta clase de signos obtenemos a través de la escritura un reflejo del lenguaje oral algo más nítido que si no existieran, aunque sea imperfectamente. La imaginación del lector debe ser capaz de suplir las imprecisiones de la puntuación y de dar una versión oral del texto escrito que corresponda aproximadamente con un hipotético modelo oral previo.

No se debe olvidar que en cuanto a los textos de la Sagrada Escritura se refiere, antes de ponerse por escrito fueron tradición oral, eso significa que la entonación fue algo de lo cual se tenía muy en cuenta. Ya desde los padres de la Iglesia (la Patrística) se hacía énfasis en la manera como se proclamaba el texto Sagrado….lo importante para el proclamador es que la puntuación contribuya a expresar con claridad el pensamiento.

El lector debe conocer bien las puntuaciones gramaticales. Si sabe aplicar cada uno de estos puntos gramaticales dará claridad y elegancia a la lectura. Aprenda las siguientes puntuaciones y póngalas en práctica en cada una de sus lecturas. Punto (.). Indica una pausa completa. Cuando usted vea un punto en su lectura haga una pausa considerable entre oración y párrafo. Haga una pausa de dos o tres segundos después de terminar la oración. Haga una pausa de tres a cinco segundos para terminar un párrafo y haga más de cinco segundos para pasar de un escrito a otro.

El Punto es un signo que sirve para señalar el final de un periodo sintáctico u oración gramatical. Representa una pausa fónica más o menos larga según el énfasis que le quiera dar el proclamador. Lo importante es que marca un ligero descenso de tono, a diferencia de la coma que supone un ligero ascenso, el proclamador debe prepararse para ir bajando el tono especial mente cuando se está preparando para la terminación de la lectura.

Coma (,) indica pausa breve, sirve para indicar la división de las frases o miembros más cortos en la oración. Cuando encuentre en su lectura una coma, haga una pausa de unos dos segundos. Este signo señala pequeñas pausas en las que se eleva ligeramente el tono y después de las cuales se mantiene el mismo tono anterior, a diferencia del punto que señala una bajada de tono. Otras veces marca el principio y el fin de un inciso que se hace en tono más bajo todo él; en este caso después de la segunda coma que cierra el periodo, se vuelve al tono anterior. Recuerde que la coma tiene gran importancia para la comprensión cabal del texto y para una proclamación bien entonada.

El punto y coma (;). Este signo señala una pausa más intensa que la coma pero menos que el punto y seguido. Puede separar oraciones gramaticalmente autónomas, pero muy relacionadas por el sentido y tiene una especial utilidad para separar enumeraciones de frases o sintagmas complejos. Hoy en día se usa poco. Generalmente se usa para señalar una cita bíblica, esta después del número del capítulo separándolo de los versículos por ejemplo Mt 28; 18-20.

Los dos puntos (:). Este signo representa un énfasis y crea una expectativa sobre lo que sigue. La entonación es como la del punto: baja en la silaba que le precede.

Puntos suspensivos (...). Este signo es un recurso expresivo que sirve para manifestar que quien escribe deja de decir, o anotar, algunas palabras. Los puntos suspensivos no más de tres, representa una pausa larga en el habla y una entonación parecida a la de la coma; es decir la sílaba precedente recibe un ligero ascenso.

Las comillas ("" «») se emplean las comillas para sustituir aquellas palabras que tendrían que repetirse dentro de una serie. También recuerde que actualmente se dispone de dos tipos de comillas: las altas o las inglesas ("") y las angulares o españolas («») y que ambas se emplean, indistintamente, para encerrar citas textuales y expresiones que han de ser destacadas por alguna razón.

El guión y la raya (-) es un signo ortográfico para señalar que una palabra ha quedado partida al final de una línea, o para separar los componentes de una palabra compuesta la raya (_) el doble que el guión, es una marca de inciso o aclaración de principio de intervención en un dialogo.

Paréntesis (), corchetes ([]) y llaves ({}) son signos ortográficos que tiene en común su función aislante, pues sirven para enmarcar dentro de un texto información complementaria o aclaratoria con respecto a la considerada principal. Los más usuales son los paréntesis curvos ().

Acento (gráfico o tílde) (´) se usa en algunas palabras para dar mayor intensidad a determinada vocal. El acento puede ir en diferente parte de la palabra. El acento divide las palabras en agudas, graves o esdrújulas dependiendo en que parte de la palabra se encuentre. Cuando vea el acento en una palabra aumente el volumen de su voz en esa vocal. Ejemplos: México, después, María, Jesús, encarnación, etc.

Signos de interrogación (¿?). Se usan para formular una pregunta o expresar una duda. El volumen de la voz se aumenta un poco en el verbo de la oración y se establece un tono normal en el resto de la oración para expresar los signos de interrogación. Ejemplos: ¿cuántos años tienes? ¿A dónde vas? ¿Quién ganara el juego de futbol? Si en el habla se manifiestan las preguntas con una modalidad de entonación, en la escritura, para su presentación, se recurre a este par de signos uno inicial o de apertura (¿) y otro al final o de cierre (?). Entre ambos signos se contiene aquello es objeto de interrogación directa (¿en qué estás pensando?). Si la misma pregunta se plantea indirectamente, los signos de interrogación desaparecen (me pregunto en qué estarás pensando...).

Signos de Admiración: (¡!).Mientras el que habla puede manifestar sorpresa, asombro o cualquier otra emoción exaltada_ o simplemente enfática_ mediante una especial entonación de voz, en la escritura. Para representar cualquier exclamación, se recurre a los signos de admiración, uno inicial o de apertura (¡) y otro final o de sierre (!). Entre ambos signos se contiene aquello que es objeto de exclamación. Expresa admiración, queja, ponderación o énfasis. La primera o primeras palabras de la oración se expresan con alza en la voz. ¡Qué bonito día! ¡De verdad! ¡Estas estupendas!

Preguntas:

¿Para qué sirven los signos de puntuación o signos gramaticales?

¿Escribe cuáles son las señales de entonación?

CÓMO LEER LAS PALABRAS DIFÍCILES

Hay algunas lecturas que vienen acompañadas de palabras sumamente difíciles de pronunciar, por varias razones, son nombres hebreos, arameos y griegos. Ya sea nombres propios, personajes y lugares etc.

Me recuerdo hace mucho tiempo en la fiesta del Pentecostés, generalmente se lee los *Hechos de los Apóstoles* capítulo 2; 1-11. El lector seguramente no se preparó, por tal razón cuando proclamó los nombres de los diferentes lugares, de donde procedían los que estaban de visita en Jerusalén, a algunos le cambio los nombres, a los de Pánfilia les dijo Pánfilos, en fin varios más que de alguna manera dejó escuchar una que otra sonrisa de los asistentes a la celebración, ¿que debería hacer usted para pronunciar correctamente cuando está en esta situación? a continuación les doy algunos ejercicios.

Repita muchas veces. Si tienen una copia de la lectura, practique y repita cuantas veces pueda, las palabras que se le hagan difíciles.

Haga una pausa: Cuando llegue a la palabra difícil haga una pausa para prepararse a leerla.

Léala despacio: No se presione cuando haya que leerla, léala despacio sílaba por sílaba.

Preguntar: Si no sabe cómo pronunciarla pregunte, recuerde que todos de alguna manera somos ignorantes, el que usted pregunte nunca lo hace ser menos, al contrario lo hace verse bien, sabiendo que está interesado en proclamar correctamente, busque a la persona adecuada para recibir la ayuda.

EJERCICIOS PRÁCTICOS:

Fuerce la pronunciación de las cinco vocales: Alargue cada una de ellas pronunciándolas de forma independiente. Haga lo mismo con algunas vocales insertas en palabras. Esa sensación de alargar las vocales que a usted le parecerá tan artificial, será nada más que la pronunciación correcta de cada una de ellas a los oídos de cualquier otra persona, el problema es que generalmente hablamos de prisa que confundimos a los que nos escuchan o bien no llega la correcta pronunciación al auditorio.

Practique el énfasis: lea el texto marcando la pronunciación de las palabras que considere claves en cada frase. Con el énfasis estará modificando el tono de su forma de hablar y evitara la monotonía.

Grave alguna proclamación suya para que se autoevalúe, la primera sensación va ser que seguramente dirá, ¡esa no es mi voz!, deberá acostumbrase a oír su voz. Porque así es como la escuchan los demás, la voz que usted escucha por dentro no es su verdadera voz.

Practique las lecturas dominicales o semanales que serán proclamadas en voz alta, aprenda a captar el sentido y el ritmo pretendido por el autor. Repita el ejercicio cambiando la entonación al comienzo de algunas frases. Repítalo una vez más, hasta cuanto sea necesario 30 minutos tratando de poner la entonación correcta y las pausas necesarias de acuerdo a la puntuación que hemos estudiado.

Haga pausas cuando hable, en las conversaciones diarias. Introduzca pausas en las charlas con amigos familiares o el trabajo para ir generando la costumbre de su uso.

TRABALENGUAS

Los trabalenguas son oraciones o textos para perfeccionar la pronunciación, que combinan fonemas similares. Son muy útiles para desarrollar una dicción ágil y expedita. Abajo hay una serie de trabalenguas para que puedas practicar. Intenta decirlos en voz alta con claridad y rapidez, aumentando gradualmente la velocidad. Repítelos muchas veces. Además los trabalenguas son herramientas maravillosas para ejercitar las mandíbulas. Pa-ran-ga-ri-cu-ti-ri-mi-cua-ro... en fin otros más. De-sen-pun-ga-ra-co-ti-ri-mi-cua-ro.

Los trabalenguas se han hecho para destrabar la lengua, sin trabas ni mengua alguna y si alguna mengua traba tu lengua, con un trabalenguas podrás destrabar tu lengua.

PEDRO

En Pedro pusieron una piedra, ahora Pedro se llama la piedra pero porque Pedro es piedra, porque la piedra que puso Jesús en Pedro, Es la piedra que esta hasta hoy, piedra es Pedro, la Iglesia Para poder perdurar en Pedro La piedra, la iglesia Pedro perdura. (BaldemarMorales)

TRES TRISTES TIGRES

Tres tristes tigres, en tres trastos, tragaban trigo, en un trigal. En un trigal, en tres trastos, tragaban trigo, tres tristes tigres. Tres tristes tigres tragaban trigo en un trigal en tres trastos trozados.

SALSA SALADA

Salas sala su salsa con sal de sales. Si salas la salsa de salas, salas saldrá salado

¿EN QUE REZA ROSA RIZO?

Un premio propuso Narciso a Rosa Rizo si aprendía a rezar en ruso, y hoy aunque un tanto confuso, Reza en ruso Rosa Rizo. Si Rosa Rizo, rusa, reza en ruso. ¿Cómo reza roza rizo, rusa, en ruso?

Hacer ejercicios para gesticular exagerar los gestos vocales y del rostro.

QUÉ VESTIMENTA DEBERIA USAR UN PROCLAMADOR

Este tema es frecuentemente discutido en el caso de los laicos cuando son proclamadores. Al respecto hay diferentes opiniones, las prácticas varían dependiendo de los lugares. Algunas parroquias piden a todos los ministros laicos que usen un emblema o alguna clase de atuendo uniforme cuando sirven en la Liturgia dominical. Hay mucha diversidad en esta práctica. En algunos lugares se fija un emblema en la túnica. Lo que se supone en estas instancias es que los ministros litúrgicos deben usar vestimenta litúrgica apropiada al ritual y deben ser visibles para el resto de la comunidad cuando ejercen su ministerio. Otras parroquias y comunidades eclesiales eligen no requerir ningún atuendo uniforme o emblema para sus ministros proclamadores. Piden que ellos usen en la liturgia lo que ellos crean necesario y apropiado para la ocasión. Lo que se presupone aquí es que los ministros de la palabra laicos no necesitan una vestimenta especial para llevar a cabo su ministerio; su diferencia con el resto de la comunidad no deberá ser enfatizada. Esta es la razón por la cual el proclamador en la liturgia ocupa un lugar en el resto de la comunidad, cuando se llega el momento de hacer su proclamación, sale de su asiento situado entre la asamblea, para pasar a ser visible su proclamación de la Sagrada Escritura, luego regresa a su asiento a seguir siendo parte de la comunidad eclesial. Esto es simbólico y profundo además, la proclamación sale del pueblo de Dios y no de alguien especial fuera de ella, Dios habla a su pueblo con miembros del mismo pueblo.

A pesar de las decisiones de cada parroquia o Diócesis, mi comentario sería, que como ministro, se debe de vestir con modestia; sabiendo que es un servicio muy especial al que hemos sido llamados. Aunque la parroquia no tenga estándares propuestos para la vestimenta, el equipo de proclamadores deben en mi opinión hablar al respecto en sus reuniones semanales de preparación. Si a los demás ministros litúrgicos se les pide cooperación al respecto, incluyendo a los sacerdotes y diáconos, ¿Por qué no se pondría atención al equipo de proclamadores de la palabra? Quizá lo que sí se tiene que tomar en cuenta, es que no tenga mucha diferencia con respecto al pueblo. Por ejemplo para los caballeros camisa de manga larga y pantalón de vestir, si quisieran y lo miran conveniente una corbata discreta (que no tenga figuras de caricaturas o animales) para que no quite la atención al servicio que se hace. El caso de las damas, blusas sin escotes pronunciados, ni demasiados pegados, así como vestidos o faldas largas, sin ser demasiado exageradas o pantalones de vestir de corte de sastre, tratando que las dos piezas no sean pegadas al cuerpo, tanto la de los caballeros como las damas, obviamente se espera que estén limpias.

En México hay un dicho que reza, esta es ropa es de Misa, refiriéndose a la ropa mejor del closet, su finalidad, es el uso estrictamente en las celebraciones litúrgicas. Si eso se dice y se espera del pueblo en general, del ministerio de proclamadores se deberían hacer las mismas exigencias. Eso sí, respetando siempre las normas litúrgicas de cada parroquia; en este libro expongo una simple opinión que puede ayudarles a cada uno de ustedes, nunca ha sido mi intención crear normas especificas, solo crear conciencia de este punto, que creo es muy significativo y no quitarle la atención a lo más importante que es la proclamación litúrgica. Cada parroquia tiene sus propias normas y son las que debemos de respetar.

Preguntas para la reflexión:

¿Por qué es importante la vestimenta en la celebración Litúrgica?

¿Debería haber diferencia en la vestimenta del proclamador, con respecto a la asamblea?

LA ESPIRITUALIDAD DEL LECTOR

La oración es fundamental en los fieles católicos, llámese estos consagrados o no.

San Agustín decía que la Oración es la respiración del cristiano y San Alfonso María Iligorio, decía "Quien no ora no se salva".

Uno de los métodos recomendables para que nuestros lectores puedan mejorar su Espiritualidad, sin duda que es la *LECTIO DIVINA*.

¿QUÉ ES LA LECTIO DIVINA?.

Con esta expresión latina nos referimos a la lectura atenta y reverente de la palabra de Dios. Se trata de una manera especial de acercarnos a la Sagrada Escritura, no tanto para satisfacer nuestra curiosidad intelectual o aumentar nuestra cultura, sino para alimentar y robustecer la vida de Fe.

Este modo de acercarse a la Sagrada Escritura, goza de una larga y sabia tradición en la historia de la vida religiosa. Desde el siglo IV, San Jerónimo comparaba a la Palabra de Dios con el <<el pozo de Jacob>> del que siempre podemos tomar agua viva que calmen nuestra sed de Dios. En la edad Media los monjes le dieron formalidad y solidez de un método del que se han servido tantos hombres y ahora queremos servirnos nosotros para aprovechar toda la potencia contenida en la palabra de Dios.

Es llamada <<divina>> no solo porque su objeto es la Palabra de Dios, sino también por el modo en que la leemos, ya que no buscamos en primer lugar una erudición bíblica, ni pretendemos una exegesis crítica como podría hacerlo un profesor de Biblia. Lo que nos interesa aquí es lograr una conexión con Dios, de corazón a corazón, en la intimidad de un dialogo de amor. Por ello, la acción del Espíritu resulta imprescindible, ya que el suscita en nosotros la atracción a la Palabra, así como ilumina nuestra inteligencia para que podamos penetrar los misterios divinos, que guardan cada una de las frases y palabras.

Es indispensable que nos acerquemos a conocer la Biblia, con el ánimo de satisfacer nuestros deseos más profundos y encontrarnos con Dios, como un sediento en busca de agua.

Así el proclamador debe experimentar la necesidad de beber del agua de la vida que es la Palabra de Dios. Al mismo tiempo debe tener un mínimo de Fe para confiar que esta Palabra es realmente Divina y es el medio esencial por el cual Dios sigue hablando a su pueblo. La Biblia es para el proclamador el libro vivo desde donde el Padre nos revela su plan y nos estimula para dar una respuesta de fe. Para luego poder proclamarla con la misma Fe hacia nuestros hermanos.

La <<*Lectio Divina*>> tiene el privilegio y la ventaja de llevarnos a una oración profunda y verdadera que nace de la Fe (cfr. Rm 10-17) una oración que brota de un corazón agradecido al contemplar las maravillas de Dios en la historia de la Salvación y en nuestra propia vida. Una oración que nos lleva a proclamar la verdad del Amor con fuerza y decisión en todas nuestras acciones.

A Jesucristo lo encontramos sobre todo en la Sagrada Escritura. Aparte de eso, para los Padres de la Iglesia y para los monjes de la edad media, no solo eran las Escrituras del Nuevo Testamento las que hablaban de Jesucristo. Los padres de la Iglesia meditaron sobre la Sagrada Escritura más bien en conjunto. Cada página de la Biblia les hablaba de Jesucristo, no solo el nuevo testamento, sino la Biblia en su totalidad.

Para los padres de la Iglesia, el Antiguo Testamento no era en primer lugar un documento histórico que describía la historia de Israel. Ante todo interpretaron figurativamente todas las palabras del antiguo Testamento. Y todas las imágenes del antiguo testamento hablaban de Jesucristo y explicaban el misterio de la Salvación, que alcanzo en Jesucristo su punto culminante. Las palabras de la Biblia eran fuentes de salvación. Para los monjes de la edad media las palabras proféticas del Antiguo Testamento no eran solo palabras que se referían a la venida de Jesucristo. Ante todo les importaba el deseo que expresaban. La añoranza de la tierra prometida y el deseo del Mesías formaban la atmósfera del Antiguo Testamento, los monjes hicieron suyo este deseo como una forma apropiada de sentir. Pero siempre lo interpretaron como el anhelo ya del cielo y la venida del Señor Jesucristo glorificado. La Espiritualidad cristiana se refiere a la Sagrada Escritura en su conjunto e intenta dejarse impregnar y transformar por sus palabras santas. De la misma manera el lector o proclamador debe dejarse impregnar por esa misma Palabra Santa. Y como resultado su vida sea transformada. En una vida creíble y visible cuando esté al frente de un Ambon proclamándola, los fieles podrán ver y oír no solo una palabra leída sino proclamada con la propia vida.

El camino de dejarse inspirar por la Biblia, se llamaba en el monacato la *"Lectio Divina"* la lectura divina. Con eso se quería decir la lectura de la Sagrada Escritura. San Benito reserva diariamente tres horas a la Lectio Divina para sus monjes. Eso indica la importancia de este camino espiritual para ellos. Al encontrarse con la Sagrada Escritura, los monjes iban creciendo en el Espíritu de Jesús. Entendían cada vez a Jesucristo. Sin embargo, no todo se reducía al entendimiento, la lectura de la Escritura suponía un proceso de transformación, una de las preguntas que todos nosotros debemos hacernos es: ¿cuánto está siendo transformada mi vida al acercarme diariamente a la Sagrada Escritura? ¿En qué noto que la Sagrada Escritura está impregnada en mi vida? ¿Qué valores de Jesús estoy poniendo en práctica en mi vida diaria?

Para Orígenes, que hacia una interpretación Espiritual, sin centrarse en la dimensión histórica de la Biblia, sino en la mística. Decía que la meta de la Exegesis mística es la unión con Dios. La pregunta con la que se acerca a la interpretación de la Escritura no es, "¿qué debo hacer?" Si no "¿quién soy?" Las palabras de la Biblia son imágenes que expresan la esencia del ser humano y el camino del alma hacia Dios. Quién se deja interpelar por estas imágenes, ejerce la verdadera contemplación y puede disfrutar a través de las palabras del secreto de Dios invisible. En las palabras de la Escritura escucha al Dios inaudible e inescrutable, que le habla. Las palabras que en la Iglesia primitiva se leían siempre en voz alta, penetran en el alma del proclamador y le transforman cada vez más. Le curan las heridas y le llenan del Espíritu de Jesucristo.

La *lectio Divina* tiene según la tradición del monacato cuatro pasos: *Lectio, meditatio, oratatio, contemplatio.* En la lectura no se trata de aumentar el conocimiento propio de la Biblia. Más bien, y según lo dicho por el Papa Gregorio Magno, debo descubrir en la palabra de la Escritura el corazón de Dios. En la Palabra puedo encontrarme con Dios mismo.

Los monjes de la época primitiva repetían todas las palabras de Jesucristo. También el Antiguo Testamento contaba en imágenes el secreto de Jesucristo. Así el destino de Sansón era por el Ejemplo una imagen del camino de Jesús, que no derroto a sus enemigos mediante obras donde demostraba su poder, si no justo por su muerte, por las que venció a las fuerzas de la obscuridad. Sansón, que rompe las columnas del templo en su muerte y entierra a todos sus enemigos debajo de él, se convierte así en imagen de la muerte y resurrección de Cristo. Los monjes lo interpretaron como imagen de la cruz cuando en el Antiguo Testamento habla de madera. Los monjes veían en secreto la cruz en un Moisés arrojando un bastón en el agua amarga y convirtiéndola en agua dulce y potable. Convierte lo amargo de mi vida en dulzura. Me posibilita beber la amargura del sufrimiento sin perecer en ella. En el sufrimiento experimento más bien la dulzura del Amor.

MEDITATIO (meditación)

Meditatio significa en este sentido "detenerse en algo de forma reflexiva", "dejar caer las palabras desde la cabeza al corazón", "probar las palabras con todos los sentidos". En esto todos los sentidos participan. Se leen las palabras en voz alta. Se las oye, se contemplan sus letras, se saborean. Cada palabra tiene también un sonido emotivo. Los monjes hablan de las palabras divinas agradables y de sabor dulce. La meditación quiere decir; repito las palabras; repito las palabras con el corazón, para que penetren más en él y lo siembren del amor dulce de Dios. No reflexiono sobre las palabras, sino que me dejo impregnar por ellas. Me pregunto si esto es cierto, ¿cómo puedo interpretar la realidad? ¿Cómo me siento? ¿Quién Soy? ¿Cómo experimento los conflictos alrededor de mí? ¿Qué sabor deja el sufrimiento por el que estoy pasando ahora mismo? Para los monjes era importante aplicar a su vida aquí y ahora las palabras de la Escritura como palabra de Dios vivo y presente, también consideraban las palabras dirigidas a ellos por el Cristo glorificado. En las palabras que hablaba Jesús en aquel entonces, experimentaban al Cristo actual. Por entonces sus palabras eran palabras que vencían la muerte. Ahora Cristo, que está en el cielo sentado a la derecha de Dios, dirige estas palabras a mí. Las palabras unen el cielo y la tierra. Eliminan lo que separa la vida de la muerte, a Dios de los seres humanos.

ORATIO (oración)

Los monjes entienden por ella la oración afectiva, siempre debería ser breve. En ella se expresaba la petición de que Dios calmara el deseo despertado por la *meditatio*. El objetivo de la lectura de la Biblia era despertar el deseo de Dios y el Ser con Jesucristo.

No se trata el aumentar el conocimiento sobre Dios, sino el deseo de arder, el deseo de Él. Ya en el deseo de Amar hay amor, el deseo de Dios ya está en Dios, allí percibimos a Dios, allí experimentamos la huella que Dios ha grabado en nuestro corazón. La lectura de la escritura por los monjes estaba marcada por un ardiente deseo de Dios. Sobre todo el papa Gregorio Magno, que marcó fuertemente la Espiritualidad de los monjes, escribió sobre este deseo. Jean Leclerc les llama "maestros del deseo". Le gusta hablar del vuelo espiritual: "con alas, parecido al balanceo del águila, nos tenemos que elevar, dirigirnos hacia Dios, buscarle, apresurarnos hacia Él". El deseo le otorga a la Espiritualidad de los monjes un rasgo dinámico: se trata de un avanzar permanente; pues cuanto más reiterado se hace el deseo, tanto más se realiza el poseer a Dios en una forma determinada y por eso se experimenta una nueva elevación. El fruto de ese deseo es la paz que se vuelve al encontrar a Dios; pues el deseo ya es el poseer, en la medida en que el fruto y el amor se unen: aquí en la tierra el deseo es la forma autentica del Amor; en el encuentra el cristiano la alegría de Dios y la unión con el señor glorificado. El Papa Gregorio mismo lo expresa así: "Quien con todo su corazón ansia a Dios, seguro que ya posee al que ama".

CONTEMPLATIO (contemplación)

Implica una oración sin palabras, un disfrute de Dios sin pensamientos, sentimientos o ideas. La *contemplatio* significa el puro silencio. Para los monjes, la *contemplatio* siempre es un don de la gracia divina, soy capaz de platicar los primeros tres pasos de la *lectio divina*. He leído las palabras de la Escritura y las he meditado. Ahora estas palabras me llevan al secreto silencioso de Dios. A un secreto que ya no se puede expresar con palabras. Es un existir puramente, ser uno con Dios. No veo nada especial sino miro al cielo. De repente lo veo todo claro: soy uno con Dios, conmigo mismo, me encuentro conforme con mi vida. El papa Gregorio describió la esencia de la contemplatio en una escena de la vida de San Benito. En un instante Benito echó una mirada al mundo entero. Lo vio en toda su esencia. Era uno con todo lo que existe. Gregorio explica esta visión de Benito como sigue. "cuando el alma observa a su creador, la creación entera se hace demasiado angosta. Si también vio solo una mínima parte de la luz del creador, todo lo creado se hace diminuto. Pues a la luz de la mirada intima se abre la esencia del corazón, se dilata en Dios y se alza así por encima del universo".

¿Escribe un comentario sobre cuánto te ha ayudado este método de oración en tu Espiritualidad como Lector?

¿QUÉ ES EL LECTOR SEGÚN LA SAGRADA ESCRITURA?

Cuando se le hace el llamado al profeta Isaías, él mismo dice que percibió una voz que decía ¿a quién enviare? ¿y quien irá de nuestra parte? Y el profeta contesta <<*yo mismo, envíame a mí*>> *y respondió: ve y di a ese pueblo: escuchad bien, pero no entendáis, ved bien pero no comprendáis.* (Is 6, 8-9) El profeta Isaías está llamado a llevar la Palabra de Dios. Es una necesidad que vallan hombres y mujeres proclamadores, hemos sido convocados a este noble servicio, y el Señor espera y respeta nuestra respuesta independientemente cual sea, el profeta contesta positivamente. Ser la voz de Dios y no solo contesta sino que es la voz profética de Yahvé a su pueblo.

En el nuevo testamento el Evangelio según san Lucas nos cuenta que Jesús llegando a Nazaret, y entro según la costumbre, en la sinagoga el día sábado. Se levantó para hacer la lectura (Lc 4; 16). En este relato lucano vemos a Jesús como lector o proclamador de la Sagrada Escritura. Y bajo este manera solemne de proclamación se debe imitar la reacción a esta lectura proclamada dice el versículo 20. Es que todos estaban con los ojos sobre él. Esto debe ser algo que debemos tener muy presente que los ojos y los oídos están en espera de la lectura que nosotros desarrollemos, por esa razón es que debemos ser fieles lectores sabiendo que es un servicio maravilloso a la Palabra., además de tomar en serio nuestro ministerio.

Reflexiona personalmente especialmente dos textos bíblicos ya que solo así aprenderemos a imitar al lector de la Palabra de Dios.

A. T. Is 6, 8-9.

N. T. Lc 4, 16-30.

Estos dos textos tienen una relación íntima y continúa de lo que es el lector, por eso, es necesario que se realice personalmente ya que solo así, aprenderemos a imitar al lector de la Palabra de Dios.

El primer paso es leer detenidamente uno y el otro texto muy despacio para que vallamos encontrando cada gesto y postura que nos dan a conocer estos grandes lectores de la Biblia.

A continuación reflexionamos y descubrimos los rasgos del Lector:

Es elegido y llamado por Dios.

Es ungido por la el Espíritu de Dios.

Es enviado:

c.1. a dar testimonio de la Palabra.

c.2. a anunciar la palabra a todas las gentes.

c.3. a vivir la palabra y hacer vida lo que se proclama.

En cada uno de estos rasgos del lector que descubrimos están presentes por siempre tres características que lo distinguen de los falsos anunciadores o los que no son de Dios.

Vivir en la gracia de Dios, que es estar en Amistad con Dios y con los hermanos, no dándose uno sin el otro.

Vivir en la libertad de los hijos de Dios, compartiéndola con todos, especialmente con los pecadores y con aquellos que están lejos o no creen en Dios, para liberarnos de toda esclavitud.

Vivir desde ya la salvación de Dios, sentir lo que será la salvación eterna en donde hay paz y amor.

También se puede notar algunas actitudes o cualidades del lector que nos presenta la Sagrada Escritura:

Ser hombre o mujer de mucha oración.

Docilidad y confianza.

Obediencia.

Fidelidad a la Palabra de Dios.

Perseverancia y permanencia es decir. Estar siempre en preparación.

¿Qué hemos entendido de esa Palabra que hemos escuchado y que hemos reflexionado?

Es necesario y urgente que creamos, que tengamos fe en Dios, pero que asumamos con responsabilidad y seriedad este compromiso al que Dios nos ha elegido; ó sea, creer y vivir, porque sino, podemos estar entre los falsos lectores.

CARACTERÍSTICAS ESCENCIALES DEL LECTOR

1. Llamado por Dios para el ejercicio de una función eclesial en la Iglesia.

2. Es un don gratuito de Dios que debe ser recibido con agradecimiento y humildad.

3. Participa por el bautismo en la misión profética de Cristo.

4. Testimonio de vida pregonando la Palabra de Dios. (Ha 11, 11).

5. Ofrecer su vida y animar a la comunidad (1 P 2,5).

6. Alimentarse de la Eucaristía.

REFLEXIÓN:

Realizar esta tarea con sinceridad y presentarla en la próxima reunión por escrito. Y contestar estas preguntas.

¿Además de lo reflexionado qué más puedo descubrir para que yo sea un lector a ejemplo de Isaías y de Jesús?

¿Cuáles son las actitudes y cualidades que yo tengo y que me descubre ante mis hermanos que soy un verdadero lector de Dios?

¿A que me comprometo hoy y estoy dispuesto a cumplirlo?

EL ÁREA TÉCNICA PARA UN LECTOR

Entender los textos que proclamas es importante para empezar, sería bueno que te preguntaras ¿conozco todas estas palabras? ¿las se pronunciar? ¿se lo que quieren decir? ¿comprendo realmente lo que estoy leyendo? Este paso puede abarcar varios campos:

PRONUNCIACIÓN

Se trata de la dificultad más obvia. ¿Hay trabalenguas en las lecturas? Por ejemplo, unos lectores descuidados cambiaron unas comunidades a las que san Pablo dirigía sus cartas de la manera siguiente: Filipinos en vez de Filipenses, Galochenses en vez de Colosenses. A veces, una lectura tiene un sin fin de nombres de naciones que desaparecieron hace muchos siglos. Mira la primera lectura señalada para la fiesta del domingo del Pentecostés (He 2: 1-11) donde hay una lista de pueblos que oyeron hablar a los Apóstoles llenos del Espíritu Santo: *"Entre nosotros hay partos, medos y Elamitas; habitantes de Mesopotamia, Judea, Capadocia y del Ponto; hay hombres provenientes de Asia, Frigia, Pamfilia y Egipto y de la parte de Libia que limita con Cirine"*. Muchas dificultades de pronunciación se refieren a nombres de personas, pueblos y lugares.

Si no estás seguro de una correcta pronunciación, pregunta, acuérdate que el preguntar te puede sacar de un apuro, sin esperar que la asamblea sea quienes te evalúen. O también búscalas en un diccionario. La pronunciación correcta se debe dar de acuerdo a los acentos ortográficos. También te puede ayudar los comentarios bíblicos y los que se encuentran al pie de la hoja de tu Biblia, son comentarios hechos por los biblistas traductores de las ediciones. Estos los encuentras en las ediciones Católicas de la Biblia. Especialmente en la Biblia Latinoamericana y la Biblia de Jerusalén, entre otras.[7]

SIGNIFICADO

Además de buscar el significado en español de las palabras que no conoces, valoraras más lo que ciertas palabras significan para los au-

---

7(Nota: las palabras hebreas en un 80% tienen acento en la penúltima sílaba)

tores que las usaron y eso será una experiencia enriquecedora para ti. Por ejemplo, el segundo domingo de Pascua, ciclo B (1 Jn 5: 1-6), En la primera carta de san Juan cuando leemos la palabra "el mundo" , la palabra se refiere al mundo de la obscuridad, el terreno descreído del pecado y de la muerte. En la misma lectura, ¿qué se quiere decir al declarar que "tanto el agua como la sangre lo han señalado : Jesucristo. No solo el agua, sino el agua con la sangre?" Pues bien, alguien podría decir, "le toca al homilista explicar este versículo". Eso es verdad pero tú lo vas a leer. ¿Cómo puedes leerlo bien sino entiendes lo que quiere decir? ¿cómo puedes causar un impacto sobre la gente, si la palabra no ha causado un impacto en ti? Podría darse el caso de que, precisamente porque tú has llegado a comprender la Palabra y la lees con el sentido de saber lo que estás diciendo, los que te escuchan tendrán más interés de lo que va a explicar el homilista. ¿Qué quiere decir el versículo? "Agua" se refiere al bautismo de Jesús; "Sangre" se refiere a la crusificación. También ayudaría que el lector hiciera la reflexión como si fuera Él o Ella. Si en el caso que se tuviera que hacer una celebración de la Palabra, ¿estaría el Lector apto para desarrollar la reflexión?

"Espíritu" y "carne" son otras palabras con un significado especial; la palabra "fe" puede tener varios sentidos según el libro de la Biblia que está leyendo. O, toma una palabra como "gloria" que en hebreo quiere decir "peso" o "pesadez" en su sentido más natural, pero que llegó a ser descrita como una nube, un fuego, o como luz al hablar de la gloria de Dios. Reconocer la gloria de Dios, darle gloria a Dios significa admitir su importancia, su peso en nuestra vida y valorar su calor y su luz, considerar una palabra y buscarla en el diccionario nos dará un aprecio completamente nuevo de lo que las letras significan. En el caso de gloria esas seis letras, significan algo nuevo para nosotros. Eso nos procurara numerosas imágenes que se nos ocurrirán cada vez que aparezcan esas palabras. La riqueza de este concepto abstracto que contiene una imagen tras otra, influirá nuestra manera de decir la palabra, haciéndonos participar más al articular esas dos silabas. Es un tipo de participación que solo sale de una profunda comprensión.

Uno de los ejemplos del no preparase se dio precisamente cuando un sacerdote vino a nuestra parroquia, en la misa de entre semana, precisamente su primera, la introducción de la palabra fue algo nuevo de un padre diferente por mucho tiempo, la parroquia sería su nueva casa por los siguientes cuatro años, según el mandato del Obispo Diocesano.

Al terminar la liturgia de la Palabra, para entrar a la homilía, el Sacerdote hizo una pregunta a los fieles sobre ¿cuál había sido la primera lectura que se había proclamado?, en minutos, el templo se llenó de un profundo silencio. Sin duda que la razón era, que nadie de la audiencia sabia contestar, porque no habíamos puesto atención. Inmediatamente al no recibir el sacerdote la respuesta de los fieles, miró al proclamador y le pregunto si él se acordaba, ¡Él había proclamado! sin embargo el lector se puso rojo. Y con palabras entrecortadas contesto sobre un libro del nuevo testamento. Al cual el sacerdote le contesto que no era correcto, lo cual sirvió de burla a todos los que estábamos en Misa. Eso se dio porque no se preparó con anticipación, si el lector o proclamador hubiera repasado con anticipación, sin duda que la respuesta hubiera sido correcta y tal vez, se hubiera llevado un halago por parte del sacerdote y de todos los presentes.

CÓMO PROFUNDIZAR LAS LECTURAS

Así como el científico necesita herramientas para desarrollar su trabajo, también el proclamador comprometido y responsable en ese llamado especial, debería buscar los instrumentos necesarios para desarrollar su trabajo.

Sería conveniente para el proclamador tener su Biblia o Misal, a la par, también diccionarios de Etimología, Semánticos y de Gramática para poder buscar los significados de algunas palabras que vienen de los idiomas originales.

SEMÁNTICA

Ciencia que estudia el significado de las palabras y de la historia de las mismas. Si hay una palabra cuando estamos estudiando la lectura que vamos a proclamar, es importante que en primer lugar la apuntemos y luego poder buscar su significado de esa manera se nos abrirán el sentido del texto que estamos leyendo.

ETIMOLOGÍA

Origen de las palabras, razón de su existencia de su significación y de su forma y parte de la gramática que estudia aisladamente estas palabras por ejemplo:

Anamnesis Gr. Anamnesis, recuerdo: recapitulación de los datos personales. En la Liturgia el recuerdo de las etapas de la salvación por un lado de Cristo. Pero también la memoria personal en la celebración eucarística.

Humildad: Del latín, humus, tierra, virtud en que uno se rebaja voluntariamente delante de Dios. En el Evangelio se presenta la humildad como virtud fundamental: a los pequeños se promete el reino (Mt 11, 25; 18, 3) Jesús mismo se llama manso y humilde de corazón (Mt 11, 29). La humildad también viene de Humus; que es la capa fértil de la tierra, gracias a ella se producen los frutos, las hortalizas y todo lo comestible para el ser humano. El ser humilde hace fértil el corazón, para que el Espíritu Santo de sus frutos en cada uno de nosotros.

Misericordia: Del latin., miseri-cordis-daré, virtud del corazón compasivo que comparte la miseria ajena. Alguna definición seria dar el corazón al necesitado, o al miserable. Estar dispuesto a darle amor en el servicio a los más pobres que no tienen quien les ayude.

Todo está consumado Jn 19,30. Se usa el verbo Τελέω significa llevar algo a su perfección, y a su término.

Manso: Lat. Mansus, del Lat. Mansuetus) benigno y suave. Aplicable a los animales que no son bravos. Apacible, sosegado. En el ganado, carnero, macho o buey que sirve de guía a los demás. Jesús mismo se llama manso y humilde de corazón. (Mt 11, 29). Cuando hay una persona que es accesible que no es violenta, con quien se puede conversar y trabajar se dice que es manso.

Estos son unos pocos ejemplos de los muchos que encontramos en nuestras lecturas diarias semanales.

LOS IDIOMAS DE LA BIBLIA
GRIEGO, ARAMEO Y HEBREO

Recurrir al idioma original en que se escribió la Biblia da una plusvalía a la lectura, pues se descubre detalles que no se pueden traducir, sobre todo los matices de los tiempos y modos de los verbos.

Y la Palabra se hizo carne, y puso su morada (literalmente su tienda) entre nosotros: Jn 1, 14.

El hijo de Dios puso su morada entre nosotros para ofrecernos refugio y protección. En-tender a alguien es penetrar en su mundo y en su vida. Jesús nos en-tendió porque no nos dejó en la intemperie, sino que nos abrigo en su cuerpo. El verbo Griego *"eskenosen"*, ver *"eskene."* Su tienda alusión a la tienda *"miskan"* que en tiempo del Éxodo, simbolizaba la presencia de Dios. Ex 26,1. Presencia que se hizo manifiesta por la irrupción de la gloria de Dios en ella en el momento de su inauguración.

HEBREO

Adán. Adam, " אָדָם " (Dam-sangre Adama-tierra) hombre, ser humano y humanidad.

Palabra Dabar " דָּבָר " Palabra, cosa, asunto.

Imagen Sélem " צֶלֶם " Parecido.

Recurrir a las palabras en el idioma original nos da luz para no encerrarnos únicamente en una definición reducida.

LA IMPORTANCIA DEL CONTEXTO

Te voy a hacer una pregunta: ¿quién ganaría en una pelea entre un cocodrilo y un oso?

Mientras piensas la respuesta, veamos una definición de la palabra contexto «Ambiente humano que determina las limitaciones de las acciones y el alcance de los resultados obtenidos».

¿Y la lucha entre el cocodrilo y el oso? Bien, lo que determina la victoria de uno u otro es el contexto, es decir, el ambiente en donde se desarrolla la lucha. Si es en la tierra firme, vencerá el oso; si es en el agua vencerá el cocodrilo.

El contexto es muy importante en cualquier interrelación, puede determinar el éxito o el fracaso de una comunicación. En el contexto adecuado cualquier sugerencia puede tener eco.

El contexto es el entorno, el medio en que se desarrollan todas las relaciones interpersonales. Nada sucede fuera de su contexto, que incluye elementos físicos, psicológicos, afectivos, sociales y culturales.

En el caso del cocodrilo y el oso, el contexto favorable para uno es desfavorable para otro, pero cuando interactúas con otra persona para proponerle tus ideas no puede haber incompatibilidad de contextos.

Con respecto a las lecturas de la Biblia siempre es importante ver cuál fue el contexto en donde se realizó, el evento y la escena. Alguien decía que "un texto sin contexto es puro pretexto" para conocer el contexto nos puede ayudar enciclopedias, diccionarios etc.

Observa esta figura siguiente y puntúala con la nota de 1 a 10 según su calidad artística.

Nota: Si te dijera que esta figura la pintó una niña de 8 años, que con la boca agarró el pincel porque no tenía manos, ¿Le pondrías la misma calificación?

EL PAÍS DE LA BIBLIA

Antes de acercarnos a un breve estudio de cada libro bíblico, vamos a presentar una visión panorámica de la tierra en que se desarrollan las escenas que ellos narran.

Para comprender bien la Sagrada Escritura y al hombre bíblico, es necesario tener algunas referencias del país donde el libro fue elaborado. Además también es importante que los proclamadores tengan una síntesis por lo menos de la tierra santa. Para que al proclamarlo tengamos en algún sentido idea de donde se desarrolló la historia sagrada.

El pueblo de Israel no vivió solo y aislado del mundo, sino que anduvo errante desde Mesopotamia a Egipto. Muchos pueblos (los asirios, hurritas, hiksos, hititas, cananeos, arameos, fenicios, etc.) tuvieron estrechas relaciones con él.

El «país de la Biblia» se sale, pues, de los límites de Palestina y abarca toda esa zona que se denominaba la «media luna fértil», y que en forma de arco iba desde el Nilo hasta el golfo Pérsico, pasando por la costa este del Mediterráneo, Palestina, Siria y los dos grandes ríos, el Tigris y el Éufrates. En esta región se encontraban las civilizaciones más florecientes desde la Edad de piedra hasta la edad de oro de las culturas griegas y romana.

Estos pueblos, particularmente Mesopotamia, Egipto y Canaán, ejercieron influencia en el mundo Israelita.

Entre los innumerables nombres geográficos que aparecen en la Biblia, hay uno que abarca gran parte de la Historia Sagrada y suscita en nosotros un sentido de religiosidad.

PALESTINA

Su nombre es de origen Griego: Philistim (=Filisteos o tierra de Filisteos). La Biblia, cuando se refiere a épocas antiguas, denomina a Palestina con el nombre de Canaán.

Palestina está limitada al norte por los actuales países del Líbano y Siria; al Sur, por la península desértica del Sinaí; al este, por los límites del gran desierto de Arabia, y al oeste, por el mar Mediterráneo.

Forma una especie de pasillo o «corredor» entre las dos grandes civilizaciones de la antigüedad: Mesopotamia y Egipto. Abierta al mar, enclavada en una verdadera encrucijada sirvió de puente entre Asia y África y entre el océano Indico, el Mediterráneo y Europa. Ha sido objeto de rivalidades y choques entre naciones, tanto más cuanto que su situación geográfica era como la llave que abría la conquista de muchos reinos. De hecho, hasta el siglo V a. de C., el amo de Palestina era dueño del Oriente Medio. Este constante trasiego de pueblos hará que el país valla recibiendo la influencia de todos ellos.

Tiene una superficie de unos 25 mil kilómetros cuadrados aproximadamente como el estado de Tabasco en México o el país de Bélgica. Es un cuadrilátero de 250 kilómetros de longitud del norte al Sur por una anchura de 37 al norte y 150 al sur. El actual estado de Israel representa tan solo la quinta parte de lo que fue en sus buenos tiempos.

MAPA DEL MUNDO ANTIGUO

LOS VIAJES DE ABRAHAM

El EXODO DE EGIPTO

LA DIVISION DE LAS DOCE TRIBUS DE ISRAEL EN LA ANTIGUA CANAAN

PALESTINA ANTIGUO

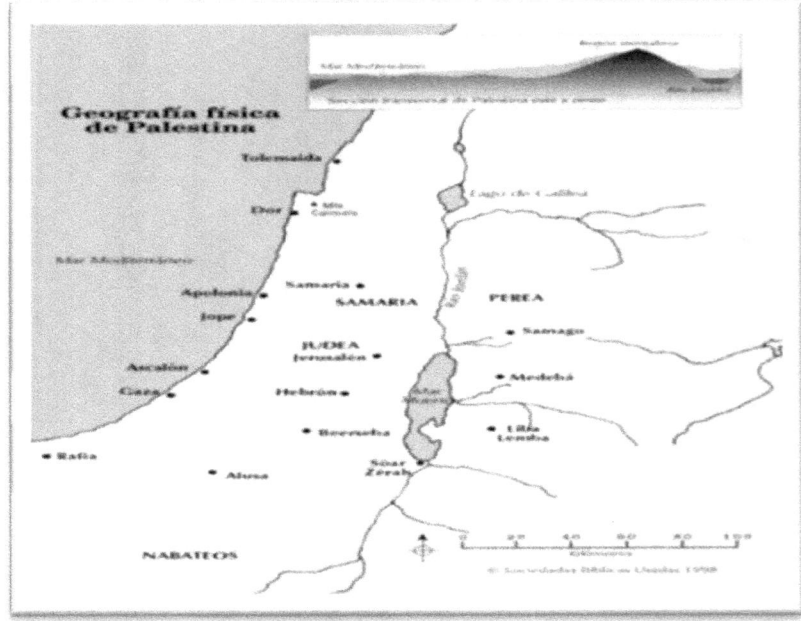

PRIMER VIAJE DE SAN PABLO

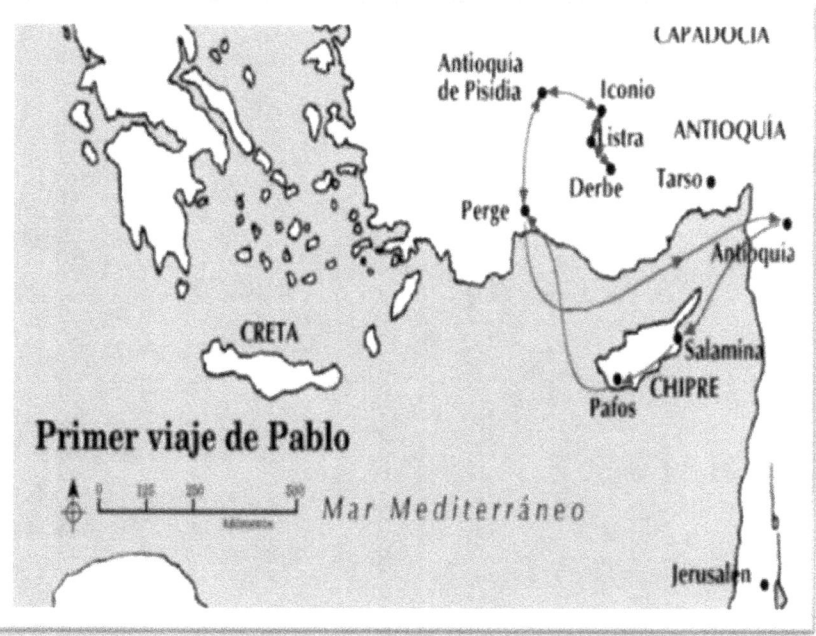

SEGUNDO VIAJE DE SAN PABLO

TERCER VIAJE DE SAN PABLO

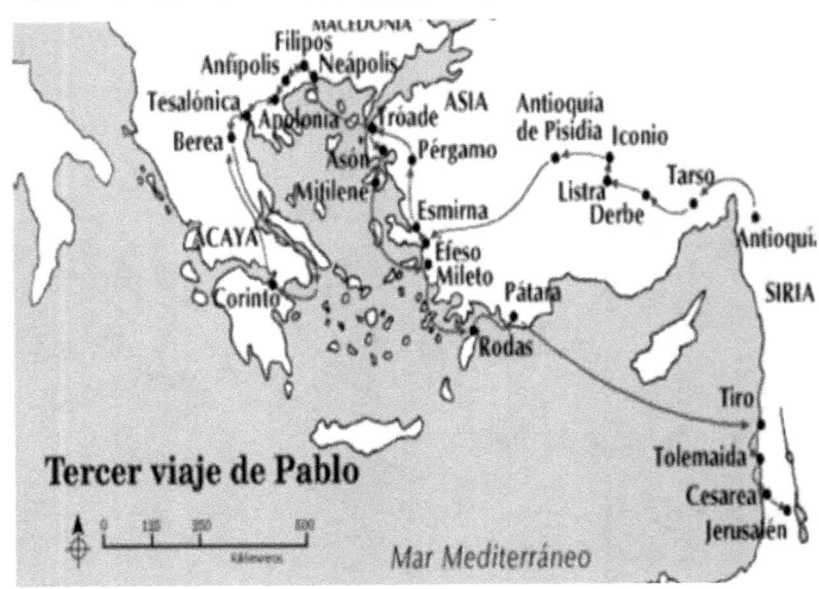

CIUDADES A LAS QUE SAN PABLO ENVIO CARTAS

SAN PABLO EN SU VIAJE A ROMA

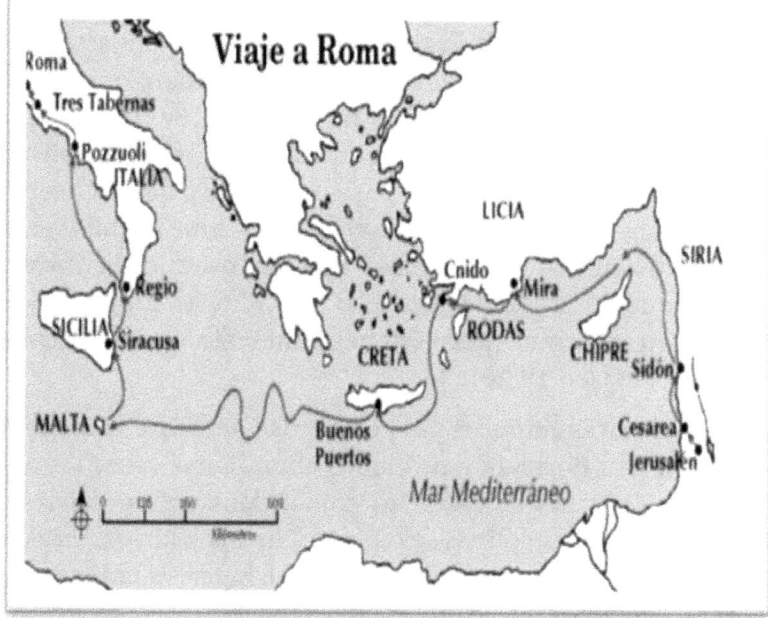

LAS SIETE IGLESIA DEL APOCALIPSIS

La depresión jordana llamada el Ghor atraviesa el centro del País, descendiendo en el Sur, hasta 392 metros por debajo del nivel del mar; este es el lugar más bajo de la tierra. En medio de esta estepa desciende, formando innumerables curvas, el río Jordán, que nace en las faldas del monte Hermon, de 2000 m. de altitud, y desemboca en el mar muerto, en la Biblia se le llama mar de la sal, pues su salinidad es tan elevada (24%, o sea, cinco o seis veces mayor que en los océanos y lagos) que en sus aguas no existe vida animal ni vegetal y el cuerpo humano flota como si fuera corcho. Al oeste de su orilla meridional, muchos bloques de sal, deformados por las lluvias, adquieren figuras grotescas, algunas semejantes a estatuas humanas, que nos recuerdan a la mujer de Lot (Gen 19,26).

Hay regiones ricas como las de la costa y la llanura de Ezdrelon o Yizreel de Galilea, al norte, que producen abundantes cosechas de trigo, maíz, cebada y demás cereales, así como plantas alimenticias, árboles frutales, etc. Cuyas colinas se cubren viñedos y olivos: otras menos ricas como las de Samaria, en la zona central; regiones pobres como las de Judea, al sur, y estériles como las del negueb.

Abunda el ganado menor: carnero, cabras negras y ovejas. El asno es la bestia de carga que más se ve en el país, ya que se acomoda perfectamente al suelo y al clima. En el sur, desértico, se usa el camello. El pescado abunda en el pequeño lago de Genezareth, al norte, llamado también de Tiberiades o mar de Galilea.

Palestina tiene tan solo dos estaciones: la lluviosa y la seca. La temperatura está regulada según la proximidad del Mediterráneo o del desierto. En algunas zonas, por ejemplo en el valle del Jordán, la temperatura se aproxima en verano a los 50º C y en el invierno hay días fríos.

Como otros pueblos Árabes y Semitas, Palestina es un País sediento de agua. El único río prácticamente importante es el Jordán. Los numerosos e impetuosos torrentes que surgen en la época de las lluvias no pueden ser aprovechadas debidamente a causa de las pronunciadas pendientes y de la gran evaporación. Los "wadis" o valles secos solo reciben el agua en el invierno. Dado que el suelo no retiene las aguas, y por lo mismo las fuentes son pocas, es preciso construir pozos o cisternas con el fin de retener el precioso líquido, que constituye el medio insustituible de vida. Por ello el agua se convierte en la causa y en el signo de la vida y del bienestar. El agua es, pues, para el hombre bíblico, uno de los mayores tesoros.

El desierto es también otro factor determinante del carácter Israelita. Inmensos arenales abrasados por el Sol y las áridas estepas rodean a Palestina por el sur y por el este. El desierto exalta la personalidad, pero somete al individuo al grupo social. Todo se fundamenta en la fuerza de la sangre, de la familia, del clan. El nómada adquiere un hábito de silencio y de reflexión y busca los valores interiores. Es orgulloso de su independencia, de su sangre, de su libertad interior, de su misma indigencia material.

GÉNEROS LITERARIOS

Lo primero que hay que tener en cuenta en el lenguaje humano de los autores bíblicos, son los géneros literarios.

Por géneros se entiende la manera que tiene un escritor de emplear el lenguaje. Explica la constitución conciliar (DV 12) "la verdad se presenta y se enuncia de modo diverso en obras de diversa índole histórica, en libros proféticos o poéticos o en otros géneros literarios. El intérprete indagara lo que el autor sagrado intenta decir y dice, según su tiempo y su cultura.

Por medio de los géneros literarios de su época. Para comprender exactamente lo que el autor quiere afirmar en sus escritos, hay que tener muy en cuenta los modos de pensar, de expresarse, de narrar, que usaban en tiempo del escritor, y también las expresiones de entonces en la conversación ordinaria.(DV 12). Los autores bíblicos, de origen oriental, usaban todas las maneras, modismos, frases, etc., propios de su país y de su época.

Pío XII. Había dicho antes. "ninguna de aquellas maneras de hablar, de que entre los orientales solía servirse el humano lenguaje para expresar sus ideas, es ajena a los libros sagrados, con la condición de que el género de decir empleado en ninguna manera repugna a la santidad y verdad de Dios" (encíclica: Divino Afflante Spiritu).

Pongamos algunos ejemplos que aclaran lo que venimos diciendo:

Narración de la creación. Para decirnos el autor del Génesis que todas las cosas proceden de la mano de Dios, se sirve de todo un poema bellísimo, en el que va detallando finamente los distintos pasos de que se sirvió el creador para formar el mundo. Quizá nosotros, mas dados al estilo conciso, lo diríamos en diez líneas.

Creación de Adán y Eva. Hay que ver como se detiene el autor del Génesis en narrar su formación. Nos dice que Dios tomó un poco de barro en sus manos, que lo fue plasmando poco a poco y que al fin lo soplo y salió el primer hombre. Y para crear la mujer, durmió a Adán, le quito una costilla, etc., y apareció la primera mujer, nosotros diríamos todo ese poema en una sola frase: Dios formo a Adán y Eva y lo hizo de una sola naturaleza… ¿entonces por qué emplearon tantas frases? Simplemente porque así era la imaginación de los orientales.

Algo parecido habría que advertir respecto a los números usados por la Biblia, los cuales en su mayor parte tiene un sentido simbólico. Usan mucho por ejemplo, los autores el número 7, 12, 40 y el 1,000. ¿Quiere decir esto que hay que entender al pie de la letra? Posiblemente no, ya que para los hebreos estos números significan "plenitud", infinitud, etc. También nosotros empleamos algunos números de manera parecida, por ejemplo cuando expresamos: "corría a cien por hora". Con esto simplemente queremos decir que iba a gran velocidad.

Resumiendo, lo que ante una frase bíblica nos interesa saber es, no tanto el modo o manera como nos llega la verdad divina, sino el mensaje que el Señor quiere comunicarnos a través de este ropaje literario.

Lenguaje humano: si nos fijamos en nuestro estilo de hablar, veremos que "una misma verdad la expresamos de múltiples maneras. Corrientemente no nos importa el modo, sino que vamos abiertamente a la verdad que queremos expresar.

Por ejemplo: "estoy bajo un estado de depresión, una actitud pesimista ante un grave problema". Esta es la verdad que quiero comunicar y para expresarlo a los demás digo: "oye me está llevando la tristeza" ó "estoy tocando fondo". y no cabe duda que los demás me entienden.

Otro ejemplo: ha ocurrido un accidente donde ha perecido un niño. De este accidente son testigos el papá y la mamá que iban con el niño, el policía de tráfico y un señor extraño que pasaba casualmente por el lugar del siniestro. Los papás, llevados de la impresión tremenda de que el muerto es su propio hijo, contarán con un realismo exagerado, hasta los detalles últimos del suceso. El policía lo hará probablemente como quien relata un atentado policíaco. Están tan acostumbrados de reportar escenas similares, que una más, no le impresiona gran cosa. Por su parte el señor extraño que pasaba por ahí y no tenía nada que ver con la cuestión, dirá las cosas sin dejarse llevar por la emoción. ¿Cómo la vamos a juzgar nosotros que no presenciamos el accidente? Si nos referimos a los papás, diremos quizá que al hacer el relato fueron exagerados; del policía diremos que, como no se fijó bien, mintió; y del testigo casual diremos que, al no importarle lo sucedido, confesó cualquier cosa para salir del paso.

Este ejemplo nos sirve para ver que a la hora de juzgar un texto o proclamar un texto debemos tener en cuenta quién lo dice o lo escribe, e incluso las circunstancias del hecho sucedido.

Esto mismo pasa con los autores de la Sagrada Escritura. "Dios habla en la Escritura por medio de los hombres en lenguaje humano"; por lo tanto, el intérprete de la Escritura, para conocer lo que Dios quiso comunicarnos, debe estudiar con atención lo que los autores querían decir y lo que Dios quería dar a conocer con dichas palabras.

Es también lo que nos dice y recomienda la constitución conciliar sobre la Sagrada Escritura. Para descubrir la intención del autor hay que tener en cuenta entre otras cosas, los "géneros literarios" o formas de expresión (DV 12).

IMÁGENES LITERARIAS EN EL LENGUAJE BÍBLICO

El Señor tiene tanto interés en que nosotros entendamos el mensaje que Él quiere comunicarnos a través de instrumentos humanos, que muchas veces se sirve de imágenes curiosísimas y bellísimas. Nos trata no pocas veces como a niños pequeños, y para eso emplea comparaciones, ejemplos, alegorías, etc., con el fin de que a través de esas imágenes, lleguemos a comprender claramente la realidad del mensaje.

Vamos a señalar las principales imágenes literarias usadas en la Biblia.

Metáfora

Se da la metáfora cuando se trasladan las palabras del significado propio mediante una figura o comparación explicita a otro significado impropio con el que guarda cierta analogía o semejanza, por ejemplo, cuando decimos en literatura: "el prado ríe".

En el sentido metafórico emplea Jesús estas expresiones: "*Vosotros sois la sal de la tierra; vosotros sois la luz del mundo*" (Mt 5, 13).

Alegoría

La alegoría es una comparación basada en una metáfora continuada y desarrollada.

Ejemplos típicos de alegoría son: Israel, viña del Señor, que emplea Isaías 5, 1-7. Jesús el buen pastor, tal como aparece en Juan 10, 11-16. La vid y los sarmientos, también en San Juan 15, y muchos otros pasajes de contenido Espiritual y aún literario muy valioso.

Parábola

Se llama parábola a una comparación desarrollada a través de un relato ficticio con un fin pedagógico. Dos elementos aparecen en la parábola: uno, el recurso o la comparación: y el otro, el aspecto enigmático de la expresión, propia para excitar la curiosidad, incitar a la búsqueda y a subrayar la importancia y hasta la trascendencia de la enseñanza comunicada.

Jesús hablaba normalmente en parábolas. "y sin parábolas casi no hablaba. Pero, a solas les explicaba todo a sus discípulos" (Mc 4-34).

Célebres universalmente son las parábolas del hijo pródigo (Lc 15 11); la de la oveja perdida y hallada, la del sembrador, la del grano de mostaza y la levadura, etc., Que nos relata el nuevo testamento, y en el antiguo las de Ezequiel 1, 26; Amos 4; 1 y otros.

BREVE INTRODUCIÓN DE LOS LIBROS DE LA BIBLIA

El fin principal del siguiente capítulo es de presentar de una forma sintética cada libro de la Sagrada Escritura. Esta visión panorámica servirá para que cada proclamador tenga una idea sobre el contenido de dicho libro, como hemos expuesto es muy resumido pero confiamos que ayude. Cuando alguien se pare en el *Ambon* a proclamar la Palabra, por lo menos tenga una pequeña idea, de que se está hablando y proclamando.

EL PENTATÉUCO O LA LEY INTRODUCCIÓN

La palabra Pentatéuco viene de la lengua Griega y significa propiamente "el libro de los cinco estuches", esto es, el libro dividido en cinco volúmenes o rollos. Estos cinco rollos o volúmenes son: *Génesis, Éxodo, Levítico, números y Deuteronomio*. Al principio eran un todo, la unidad era reconocida por los judíos, denominado con el nombre de "TORA" la Tora o La Ley. Más tarde, y solo por razones prácticas se dividió así en cinco partes, pero no por eso perdieron la dependencia y el parentesco entre sí, de cualquier manera los problemas que allí se plantean, solo pueden solucionarse considerando la obra como un todo.

GÉNESIS

El Libro del Génesis (*Bereshit* en hebreo: en el principio) se denomina así porque trata del origen de la creación del mundo y del hombre. En efecto Génesis en Griego significa origen, comienzo. Es el primer libro del Pentateuco. Por lo mismo es el primer libro de la Biblia.

El autor o compilador al confeccionar este libro, no pretende poner la doctrina de las cosas de una manera científica, sino "relatar en lenguaje sencillo y figurado adaptado a la inteligencia de una humanidad poco evolucionada, como era de aquel tiempo, así como son las cosas de Dios de una manera sencilla para que todos podamos entender. Las verdades fundamentales, y presupuestos para la salvación, a la vez que la descripción popular de los orígenes del género humano y del pueblo escogido.

La primera parte -los primeros once capítulos- se refiere a los que podríamos llamar la prehistoria y protohistorias bíblicas.

Por lo tanto, al leer estos capítulos, es absolutamente necesario distinguir entre el fondo y la forma, esto es, entre el mensaje religioso y el ropaje literario, el cual está formado por escenas animadas, recogidas, a veces, de tradiciones del medio cultural del oriente antiguo -el relato del diluvio por ejemplo- y reformadas sustancialmente por el genio Hebreo.

La doctrina religiosa que contienen estos capítulos es densa y profunda, primeramente hace mención que Dios es un ser trascendente, creador del hombre y de todos los seres; por tanto el Sol, la Tierra y ciertos animales no son dioses, como creían algunos pueblos. Las criaturas son buenas. El hombre, varón y mujer, está dotado de libertad y es superior a las demás criaturas. Deberá poblar la tierra, dominar el mundo, descansar y dar culto a Dios. Pero abusó de su libertad y pecó, desbaratando los planes de Dios, quien por su bondad le promete un redentor.

A partir de la creación de la primera pareja humana, se va realizando un proceso de eliminación entre sus descendientes (Caín, Set, Noé sus hijos Jafet, Cam y hasta Sem), restringiéndose a este último, o sea, los Semitas hasta concretarse la familia de Abraham (11, 27), con la cual comienza a realizarse, propiamente hablando, la historia sagrada o de la Salvación.

La segunda parte se inicia en el capítulo 12 y relata la historia de un Clan de Beduinos: la familia de Abraham, Isaac y Jacob y los hijos de éste, familia que es elegida por Dios para ser progenitora del pueblo escogido: Israel. Esta historia se desarrolla en Mesopotamia, Canaán y Egipto.

Mensaje del libro: Dios es el creador de todos los seres, los primeros padres Adán y Eva vivían felices en el amor mutuo hablando con Dios. En el matrimonio, querido por el hombre y la mujer, iguales en naturaleza y derechos, se complementan el uno al otro. El varón amará a la mujer como parte de sí mismo y la mujer amará al varón como su protector, la unión de ambos en el Amor transmite vida.

Dios tiene un plan sobre la humanidad y el mundo. Y escoge un pueblo, con el cual forma una alianza en la persona de Abraham. La alianza es la que sella esa elección. La respuesta al llamado de Dios en la elección de ese pueblo, la vemos representada en los distintos patriarcas de ese pueblo. En una palabra el actor del Génesis quiere mostrarnos de que Dios ama al hombre y lo guía a través de la historia, llamándolo a gozar definitivamente de ese amor.

Cuenta lo que quiso decir el autor en sus relatos. En resumen quiso decirnos que Dios está siempre con una presencia viva y además crea todas las cosas para el servicio del hombre que es su obra más importante.

ÉXODO

Quizá es el libro más importante del A.T, (*Shemot* en hebreo: los nombres) Porque es la gesta del verdadero Dios que se acuerda de su pueblo y lo salva. Es la fidelidad del Señor que cumple su promesa con su pueblo. Es el nacimiento de Israel como nación y como religión y culto. Es el preanuncio de la pascua cristiana.

El gran personaje del Éxodo es Moisés, escogido por Dios para salvar a su pueblo. Titubea antes de responder a esta llamada divina y saca cinco excusas. Pero al fin acepta. Mientras tanto, Dios había estado creando en su pueblo un gran deseo de libertad.

Aquí se narran puntos tan importantes como la institución de la pascua Judía, figura de la pascua cristiana, el paso del mar rojo, la marcha hacia el Sinaí, en donde Moisés recibió de Dios las tablas de la ley, y el canto de la victoria, sucesos estos que demuestran la acción providente del Señor para con su pueblo.

Mientras el libro del Génesis finaliza describiendo una familia que gozaba de alto favor en la corte Egipcia, el éxodo comienza con una nación esclavizada bajo un enemigo tremendo, las esperanzas de liberación humanamente eran muy pocas; pero su fe en Dios era muy grande. El Señor oye sus clamores y los libera por medio de Moisés. Este libro es la gran odisea de un pueblo esclavizado que es liberado por Dios.

LEVÍTICO

El Levítico es el tercer libro del Pentateuco y de la biblia. (*Vayikra* en hebreo). Levítico viene de Levi o tribu de Levi, que eran los hebreos especialmente dedicados al culto. Es, pues, propiamente este libro un manual de los levitas o sacerdotes.

El tema de este libro es la santidad, palabra que se repite 87 veces. El versículo clave es 19; 2: "sed Santos, porque santo soy yo, vuestro Dios". Cuando esa palabra "santo" se refiere a Dios, significa que es superior a todos los demás seres. Cuando se refiere al hombre, quiere decir que es un apartado para Dios.

Cuando se refiere a las cosas, significa que son apartados para el servicio de Dios. Dios proveyó aquí varias ofrendas con el fin de alcanzar el perdón de los pecados. Y los encargados de ofrecer estos sacrificios, eran los sacerdotes. Aparte de estos sacrificios, había también leyes que argumentaban la conducta personal, el alimento, y la higiene de la salud y moral del pueblo.

NÚMEROS

El traductor griego de este libro cuarto del Pentatéuco y de la Biblia le dio el nombre de Números, (en hebreo *Badmidbar*) a causa de los censos que se levantaron, primeramente de la multitud que salía de Egipto y luego de sus hijos a la víspera de la entrada en la tierra prometida. El propósito del censo era poder movilizar a los Israelitas como una hueste bien ordenada tanto mientras se encontraban en el campamento como durante la marcha. Para acamparse, se dividían las doce tribus en cuatro grandes grupos alrededor del tabernáculo, siempre en la misma posición relativa. Al marchar, seis presidian y seis seguían al tabernáculo, para que este, como señal visible de la presencia de Dios, quedara siempre en medio.

Este libro trata de las experiencias vividas por los hijos de Israel durante los cuarenta años que estuvieron en el desierto, mientras se disciplinaban para entrar a la tierra prometida (dt 8, 2-3). Su literatura es de dos clases: la narrativa es una continuación del Éxodo y nos recuerda la gesta aventurera de los Israelitas antes de llegar a la tierra de promisión. Y la Legislativa que se parece mucho a la del Levítico.

Podríamos decir que números es también el libro de las "murmuraciones". ¡Son tantas y tan variadas las que ahí aparecen! Citemos, por ejemplo: las quejas del camino (11, 1-3); las de los alimentos (11, 4-6); la de los gigantes (13; 32; 14, 4); las de los guías ((16, 3): las de los juicios divinos (16, 41); las del desierto (20, 2-5) y las del mana (21,5)

DEUTERONOMIO

El título de este quinto libro bíblico, Deuteronomio, significa "Segunda ley" (El título de este libro en hebreo es *Devarim*), porque contiene una repetición o repaso de muchas leyes dadas previamente con ciertas condiciones.

Es un libro esencialmente religioso, es una apremiante exhortación a vivir con Yahveh, el verdadero Dios, a base de discursos y arengas dirigidos por Moisés a su pueblo, especialmente en su último discurso manifiesta el gran Amor y ternura, características de su gran devoción a su pueblo por parte de Dios, como no ocurre en ninguno de los otros cuatro libros anteriores (Véase 4,37; 7,7-8; 10,15). De ahí la importancia de ese libro, comparablemente al Génesis, Salmos, Isaías y otros.

LOS LIBROS HISTÓRICOS

Los libros históricos son aquellos que recogen algún suceso o historia de carácter sagrado, en las cuales aparece, directamente o indirectamente la intercesión divina.

El fin que se propone Dios a través del escribiente, no es historiar en el sentido estricto moderno de la palabra, sino dar una enseñanza religiosa, ilustrada por la selección de este hecho o personaje histórico.

El historiador inspirado en un pensador que saca las lecciones del pasado. Es necesario por tanto establecer lo que se podría llamar su "tesis doctrinal" y en el plan histórico, calibrar el valor de las tradiciones o los documentos de ese tiempo.

Los libros históricos de la Biblia, según el canon de la Iglesia Católica, son 16: Josué, Jueces, Rut, Samuel (2), Reyes (2), Crónicas (2), Esdras, Nehemías, Tobías, Judit, Ester y Macabeos (2).

Naturalmente que no fueron escritos por ese orden cronológico comparándolos con los otros libros de la Biblia, pero así los clasificaron los autores en Gracia a la inteligencia y la claridad.

JOSUÉ

Este libro es de carácter histórico, (en hebreo *Yehoshua*) nos cuenta el cumplimiento de la esperanza y de la anticipación de un pueblo largo tiempo anhelante. Este anhelo podría concentrarse en un versículo clave que aparece en 1,6: *"esfuérzate y se valiente, porque tu repartirás a este pueblo por heredad la tierra de la cual juré a sus padres que le daría a ellos"*. Esta tierra es Canaán, llamada así por Can, cuyos descendientes habitan allí. Estaba ocupada prácticamente por siete naciones distintas: Amorreos, betheos, gergeseos, perheseos, heveos, Jebuseos y cananeos, a los cuales se les aplica la palabra en el sentido más estrecho, en cuanto que *"habitan junto al mar y rivera del Jordán"* (Nm 13,29). Los cananeos eran idolatras que adoraban a Baal, el dios del sol.

Para llevar adelante la conquista de Canaán se realizaron tres campañas, las cuales abarcaron un tiempo de 7 años, durante los cuales Israel subyago a 7 naciones y a treinta y un reyes, cuyos nombres recita el capítulo 12.

Ya ocupada la tierra de Canaán, viene la distribución de la tierra, que se hizo por suerte (Nm 35,54). Los capítulos 15-19 son de gran valor geográfico y arqueológico.

LOS JUECES

En este libro y el anterior se nota un claro contraste (en hebreo, *Shoftim*). Mientras Josué es un libro constante de victorias hasta el punto de que conquisto 7 naciones en 7 años, Jueces es un libro de derrotas, en el que se habla 7 Apostasías, 7 opresiones y 7 liberaciones. La causa se puede poner en la incredulidad y desobediencia de Israel, que le llevó como un castigo divino a ser esclavo de aquellas naciones a quienes debía haber exterminado totalmente.

Cuando Israel se vuelve al Señor y le pide que le salve, entonces Dios hace surgir caudillos que le liberan.

En este libro se mencionan 12 Jueces o salvadores. De los 12 los más importantes son: Otoniel, Aod, Débora, Gedeón, Sansón y Jefhte.

El libro acaba narrando la vergüenza doméstica y la guerra civil en que Israel se vio envuelto, a causa de la anarquía y la idolatría generadoras de muerte espiritual, apostasía e inmoralidad, estado al cual camina una sociedad sin leyes.

RUT

Este octavo libro de la Biblia nos relata la historia de Rut, (en hebreo *Rut*) una mujer Moabita que se desposa con un judío y se quedó viuda. Se establece en Israel a pesar de ser moabita y por tanto enemiga de este pueblo, por fidelidad a su suegra Nohemí, la cual ha perdido también a su marido. Allí se casa con su pariente más próximo, según manda la ley del levirato y de su estirpe saldrá David y por tanto Jesús.

La doctrina de este libro es algo más que el hecho histórico de que una mujer se quede viuda y se vuelva a casar. Rut trae también la promesa del rey venidero, David cuyo reinado justo traería también la fuerza y la estabilidad a una nación que, como vimos en Jueces había caído en la anarquía y consiguientemente en la esclavitud y la opresión. Rut proclama además la venida de un hijo mayor de David, quien no solo redimiría a Israel, si no que sería el Salvador de los gentiles, ya que de esta familia de David nacerá Cristo. El hecho de que el evangelista san Mateo cite en su genealogía a Rut, le da significado especial como a una de los antepasados de nuestro Señor Jesucristo.

Simbólicamente, Rut, la novia gentil, es imagen de la Iglesia mientras que Booz, el israelita, es símbolo de Cristo.

I Y II DE SAMUEL

En Hebreo se le llama, *Shmuel*. Estos dos libros, como afirma Orígenes y san Jerónimo, primitivamente forman un solo libro en el antiguo Hebreo, llamado libro de Samuel. Fueron los traductores Griegos (los setenta) los que lo dividieron en dos, llamándolos primero y segundo de los reinos, a los cuales unieron otra obra titulada en Hebreo los Reyes, dividiéndola también en dos libros.

La división en cuatro libros, dos de Samuel y dos de los Reyes ha prevalecido en las ediciones modernas.

Los dos libros giran alrededor de tres grandes personajes del antiguo testamento: Samuel, Saúl y David. Samuel entra en escena en el primer capítulo del primer libro; Saúl en el noveno y David en el décimo sexto. Samuel desaparece en el capítulo 25, Saúl en el 31, mientras que David continua ocupando el centro de la actividad hasta el final del II libro.

En ambos libros se narran los acontecimientos históricos de los últimos Jueces de Israel y la institución de la monarquía. Se trata de uno de los acontecimientos históricos y políticos más importantes del pueblo israelita. Las tribus hebreas se encuentran dispersas y no pueden hacer frente a sus enemigos, pero al fin se unen y se convierte Israel en un pueblo glorioso. Llega un tiempo -el tiempo de Eli- en que la moral del pueblo se rebaja y cae derrotado, y hasta incluso llega a perder el Arca de la Alianza.

I Y II DE REYES

En Hebreo se les nombra, *Melajim*. Se llaman así estos dos libros porque nos hablan de la historia de los reyes de Israel.

Las páginas iniciales de I de Reyes complementan el reinado de

David. Enseguida aparece la elección que el hizo de Salomón para que le sucediera, elección sabia y acertada en verdad. El reino que Salomón recibió, no fue ciertamente un reinado arruinado o desecho: fue un reino bien establecido, que no supo conservarlo en todo su esplendor. Por eso en Salomón hay cosas buenas y maravillosas y hay puntos vulnerables. Entre los primeros hay que citar la construcción del templo y su admirable oración de dedicación (3,7-9; 8,22-53). Pero sus placeres mujeriegos y su idolatría le hicieron también reprobable ante el Señor. Aunque fue un hombre muy virtuoso, por sus pecados sus últimos años no fueron demasiado felices.

I Y II DE CRÓNICAS

"Las Crónicas", (*Divre Hayamim*) título que le da la Biblia hebrea, así mismo son llamadas por la biblia "Vulgata" de san Jerónimo Paralipómenos, por transcripción de una palabra griega que significa "libro de las cosa omitidas", o según otros, "libro de las cosas transmitidas".

Muchas cosas relatadas en los libros anteriores, se recogen en estos dos. En términos generales podemos decir que en ellos se narra la historia sagrada del reino. Por eso hay muchos pasajes parecidos en Samuel y Reyes. El objetivo principal al escribir estos libros está en la de proveer genealogías correctas. Estas genealogías eran de gran utilidad para asignar a las personas a sus respectivas tribus y familias cuando retornaron de Babilonia a Jerusalén. Sin ellas les hubiera sido imposible la redistribución de Israel entre los cautivos libertados. Para nosotros también tiene una gran importancia, ya que a través de ellas, se demuestra que el Mesías es el hijo prometido de David, de Judá, de Abraham y de Adán.

Aquí se da mucha importancia a todo cuanto tiene que ver con el culto público. Se da también por lo mismo importancia a la música, que los hebreos la cultivaban con esmero entre otros coros.

ESDRAS Y NEHEMÍAS (*Ezra- Nehemia*)

Estos dos libros tomaron el nombre de los dos protagonistas de la historia que narran: Esdras y Nehemías. El primero pertenece a una familia noble y clerical. Era escribano. Nehemías fue nombrado gobernador de Jerusalén. Ambos proceden de Persia; vivieron en Jerusalén a mediados del siglo V antes de Cristo. Son los dos constructores de la comunidad nacional y religiosa que resucita en la tierra de Israel gracias a Ciro y a la tradición tolerante de los reyes de esa Época.

Los dos libros parecen una continuación de las Crónicas; forman una unidad literaria y como tales fueron considerados en la biblia hebrea antigua en donde estaban agrupados bajo la única designación del libro de "Esdras". También en la traducción de los setenta forman un solo libro. Más tarde quizá en el siglo XIV o XV se dividen en dos. La razón probable de tal división deriva seguramente del título de Nehemías 1; 1: Palabras de Nehemías, el hijo de Helcias, al que sigue la narración de la gesta de Nehemías.

TOBÍAS

El título de este libro responde al nombre del protagonista que es Tobías. Este era un hombre Judío de la tribu y la ciudad de Neftalí, y fue llevado cautivo a Nínive con los demás israelitas por Salmanasar, rey de Asiria, unos 600 años antes de Jesucristo.

Este libro nos relata la vida familiar, tierna y fiel de los esposos Tobías y Sara y de su hijo también llamado Tobías como el padre. Difícilmente se encuentra en literatura bíblica y aun fuera de ella una historia tan bella y emotiva, tanto para el ambiente humano como sobrenatural que en ella se respira. En Tobías el padre brilla extraordinariamente la Fe en las divinas promesas, el Espíritu de oración, el desprendimiento de los bienes materiales, la más tierna caridad para con el prójimo, una paciencia heróica en las aflicciones, la firme esperanza en Dios y un santo anhelo de agradarle en todas las acciones. Atribulado por Dios con el destierro, la pobreza y la pérdida de la vista teniendo que sufrir de sus mismos amigos y hasta de su propia mujer, perseguido de muerte por un príncipe cruel y violento, nunca disminuye su Fe y su confianza, y por eso le premia Dios revelándole sucesos futuros que lo llenan del más suave consuelo. Ve en Espíritu aquella nueva Jerusalén, de la cual era ya ciudadano; ve la gloria de Sión; y se llena de alborozo por la gloria del Señor. (Esta introducción maravillosa sobre el libro de Tobías la hace Torres Amat).

JUDIT

Judit es la heroína de este libro que lleva su nombre. Con su celo y con su Fe salvó a su pueblo y a la ciudad de Betulia, cerca de Samaria, contra el ejército, capitaneado por Holofernes.

No se conoce el autor de este libro. Pero sabemos que fue escrito después del destierro, en lengua Semita, hebreo o arameo. El original se perdió, pero actualmente se conservan los textos griegos y Latinos.

En la introducción de la Biblia de Jerusalén se dice que "el libro de Judit es la historia de una victoria del pueblo elegido en contra de sus enemigos, merced a la intervención de una mujer. La pequeña nación judía se enfrenta contra el potente ejército de Holofernes, que quiere someter al mundo al rey Nabucodonosor y destruir todo el culto que no sea Nabucodonosor endiosado. Los judíos son sitiados en Betulia, privados de agua están a punto de rendirse. Aparece entonces Judit viuda, joven, hermosa, prudente, piadosa y decidida, que triunfa a pesar del desgano de sus compatriotas y luego del ejército Asirio. Echa en cara a los jefes de la ciudad su falta de confianza en Dios. Después ora, se acicala, sale de Betulia y se hace presentar a Holofernes. Lo seduce y, una vez borracho, le corta la cabeza.

En resumen el autor del libro quiere mostrar como Dios protege a su pueblo elegido de mil modos y por diversos caminos.

ESTER

Ester, doncella judía, cautiva en Persia, elevada por su hermosura a esposa del rey Asuero, es la protagonista de este libro, que lleva su nombre. Ella fue la que liberó a los Judíos de la proscripción general que Aman había hecho firmar al rey, de quien era ministro favorito.

El libro cuenta como Dios salvo a su patria y a su pueblo penitente establecido en Persia de las amenazas y el odio exterminador de un visir omnipotente llamado Aman, gracias a la intervención valerosa de Ester, joven compatriota que llega a ser reina, dirigida a su vez por su tío Mardoqueo. Ganada la victoria la situación se vuelve al revés. Aman es ahorcado, Mardoqueo ocupa su lugar y los judíos exterminan a sus enemigos. Se instituye entonces la fiesta de los Purim, que todavía sigue observándose por los judíos a principio de la primavera.

I Y II DE LOS MACABÉOS

Este libro hace referencia a la victoria espiritual de una familia Asmonea de la que Judas, llamado -Makabi- palabra que significa martillo- fue valiente soldado.

En términos generales, ambos libros relatan las hazañas del periodo comprendido entre el advenimiento del rey de Siria, Antíoco Epifanes y la muerte de Simón Macabeo y otros.

Doctrinalmente nos enseña la creencia, por cierto muy explícita de los Macabeos, de la resurrección, creencia que goza de gran preponderancia en el Judaísmo desde el 166 antes de Cristo y más tarde (2 Mac 7,6-11).

Son interesantes también el martirio del viejo Eleazar y los siete hermanos que prefirieron morir antes que comer manjares prohibidos y arrodillarse delante de los ídolos o de la estatua del gobernador sirio de Judea, el cruel Antíoco.

LIBROS POÉTICOS O SAPIENCIALES

Casi todos los libros de la Biblia tienen porciones llenas de poesía y de sabiduría. Sin embargo hay algunos de ellos que por su confección más directa, han recibido esa denominación de "poéticos o sapienciales". "son aquellos cuyo tema es la reflexión, la prudencia, el estudio, la oración, las enseñanzas morales y religiosas que tienden a dirigir la vida individual: inquieren sobre los grandes problemas de la naturaleza y del hombre y meditan sobre el misterio de Dios, de su sabiduría y de su providencia".

Sus autores son considerados como los "sabios" de Israel. De algunos, la crítica ha descubierto sus nombres; de otros no tenemos todavía noticia y posiblemente no logremos tenerla.

Siete aparecen en el canon bíblico católico: Job, Salmos, Proverbios, cantar de los Cantares, Sabiduría y Eclesiástico.

En estos libros, las instrucciones y la adquisición de Sabiduría constituyen una condición necesaria para poder vivir una vida en plenitud.

Como los siguientes ejemplos:

El ánimo generoso prospera,
El que riega, también recibirá riego.
Al que acapara grano lo maldice la gente,
Al que lo vende, lo cubren las bendiciones.
   (Prov. 11, 25s)

El que cultiva su campo se saciara de pan,
El que persigue tonterías no tiene juicio.
   (Prov. 12, 11)

La desgracia persigue al pecador;
A los honrados, la paz y el bien.
(Prov. 13, 21)

Feliz el que encuentra Sabiduría,
El que alcanza inteligencia.
(Prov. 3, 13-14)

JOB (*Iyov*)

Este libro lleva el título del protagonista: Job. Este era un hombre torturado, sufriente, que se atreve a dirigirse a Dios con libertad y sin temor, dando un bello mensaje sobre el dolor. (O como escribe Kierkegaard) "no hay una figura a la que uno se acerque con tanta confianza, franqueza y alivio como a Job, porque en Él, ¡es todo tan humano! Nadie en el mundo ha expresado como él la pasión del dolor."

El autor es desconocido. La pureza del lenguaje y la elegancia del estilo, hace pensar que se trata de una obra compuesta en la edad de oro de la poesía y literatura hebrea.

En este libro se ventila el problema del dolor, del mal y del bien, y se discute si, supuesta la providencia divina que el Señor tiene con todos los hombres, los justos deben de esperar de Él premios solamente en la otra vida o también en esta. Y también, si los males y los bienes permite Dios indiferentemente en buenos y malos, según sus ocultos misterios.

Para dar su parecer, van desfilando ante los ojos de Job muchos amigos con peregrinas preposiciones. Job, que tiene su corazón fijo en el Señor, sale triunfante con su acendrada paciencia. El texto clave podría ser este: "¿si recibimos los bienes de Dios, porque no vamos a recibir también los males?" (Job 2;10).

Job es todo un ejemplo y un modelo de Fe, de confianza, de paciencia y de fuerza de voluntad para el hombre que sufre.

SALMOS (*Tehilim*)

Este libro es una colección de himnos y cantos sagrados, con los cuales el pueblo de Dios entonaba alabanzas al señor, le tributaba acciones de gracias y le imploraba misericordia en sus fallas y necesidades. Costumbre del pueblo hebreo era transmitir a la posteridad por medio de cánticos e himnos la memoria de las obras y sucesos grandes que el Señor venía haciendo en El, para que así se los aprendiesen desde la más tierna edad.

Para San Agustín los Salmos son canciones del deseo de la patria celestial. Mientras cantamos los Salmos, nuestro deseo de Dios y de la plenitud eterna con Dios crece. Nosotros cantamos con los Salmos las canciones de amor de nuestra patria, para aquí en el extranjero estimular nuestro deseo de la patria verdadera.

Por lo anterior este libro es distinto de todos los demás. Los otros están hechos para leer y escuchar. Estos para orar y cantar. De otra forma no se entendería su mensaje.

Podríamos decir que el tema de los Salmos es tan variado y fecundo, que no hay necesidad en el hombre, que no tenga unas respuestas en ellos. Dice San Ambrosio (prefacio de los Salmos) "Cuanto se enseña en la ley, cuanto leemos en la historia sagrada, cuanto anuncian los profetas, y cuantas instrucciones, avisos y correcciones se hallan en la moral, otro tanto se encuentra en los Salmos. Por esta razón cuando los leo, registro en ellos todos los misterios de nuestra santa religión y todo lo que vaticinaron los profetas; veo y reconozco las gracias de esas revelaciones; los testimonios de la resurrección de Jesucristo, los premios y castigos de la otra vida y aprendo a confundirme y avergonzarme de mis pecados, y a detestarlos y evitarlos enteramente".

PROVERBIOS

La palabra "proverbio", esta traducida a nuestra lengua de la voz hebrea "*Mashal*", que puede significar: semejanza, comparación, dicho popular, y hasta sátira, parábola, alegoría, etc. Es decir formulas diversas, en las que se presenta una enseñanza de un orden moral de una forma ingeniosa y a veces picante.

Lo que los Salmos son para la vida devocional, son los proverbios para la vida práctica. Aquellos sirven para dirigirse a Dios y encender nuestro interior con piadosos afectos, estos están hechos como reglas prácticas para llevar una vida prudente, discreta, honrada y útil. Hay aquí orientaciones para todos: jóvenes y ancianos, ricos y pobres, amos y criados, padres e hijos, hombres y mujeres, magistrados y reyes.

La nota clave de este libro es esta frase: "el temor de Dios es el principio de la sabiduría". La expresión temor significa temor reverencial. Se menciona 14 veces en este libro.

ECLESIASTES O QOHELET(*Kohelet*)

Lo mismo la palabra Eclesiastés que Eclesiástico -de la que luego se hablará– viene de la voz greco latina *eclesial*, que quiere decir "asamblea" o "Iglesia". Se le llama a este libro Eclesiastés porque llego a ser un libro muy leído en la Iglesia cristiana primitiva, pero los biblistas siguen sin resolver el misterio del nombre. La biblia hebrea lo denomina libro del *Qohelet*, lo que designa, más que una persona una función. Algo así como "predicador" o "director".

Se ha dicho que el libro de *Qohelet*, "más que un libro ordenado, es un carnet de notas, donde el maestro de sabiduría ha ido escribiendo en una fecha que ha sido difícil de fijar, pero quizás tambien, sus reflexiones, y no se tiene la misma idea de las cosas todos los días". Estas ideas se exponen sin un plan determinado. Hay en las expresiones claves como: vanidad, interés, pena, trabajo, preocupación bajo el sol, alegría, felicidad, placer... algunas de ellas como vanidad de vanidades, se cita 34 veces; y "bajo el sol", 31. Es la confesión o grito de un hombre que después de haber gozado todo lo que pudo, alcanza a haber la realidad de lo que caduca que es la vida y acaba odiando esta misma vida. Un hecho es claro; que Salomón fracasó y llego al colmo del placer por haber vuelto las espaldas a Dios. Por todo eso, Eclesiastés o *Qohelet*, es un libro paradójico y difícil de entender.

EL CANTAR DE LOS CANTARES

(*Shir Hashirim*)

El título del libro, cantar de los cantares, no significa que sea un poema compuesto por muchos cantares y cánticos, se trata simplemente de una forma de expresar el superlativo en lenguaje hebreo, como queriendo decir "el más bello de los poemas"

El autor es posiblemente Salomón, según la antigua tradición judía cristiana, quien al parecer, compuso mil cinco cánticos, además de tres mil parábolas, como consta en el libro primero de Reyes 5,12. Los escribió alrededor del año 1,000 antes de Cristo.

Se trata sin duda de un poema alegórico en que intervienen dos personajes, Salomón, nombre masculino aplicable al esposo, y sulamita, nombre femenino que representa a la esposa. Interviene además en esta obra un coro de vírgenes, hijas de Jerusalén (2,7; 3,5; 5, 8-9), y hacia el final aparecen dos hermanas de la Sulamita.

El tema es el amor de ambos esposos. Pero un amor fiel, exclusivo, de mutua entrega. Tema, escrito precisamente en un tiempo en que la poligamia había adquirido dimensiones casi universales. Por eso los entendidos afirman que esta obra es un canto de protesta contra la infidelidad y la poligamia.

Los comentadores bíblicos no dudan en afirmar que "bajo la perfecta imagen de esta unión conyugal de Salomón y Sulamita, se presenta el desposorio de Yahvé con la Sinagoga, Ezequiel y otros profetas representan también esta unión con imágenes similares y este es el sentido que ha seguido la explicación caldea. Los padres de la Iglesia han descubierto aquí con mayor fundamento el matrimonio de Cristo con la Iglesia, a la cual, en muchas partes del nuevo testamento se llama esposa de Jesucristo. Y aun el mismo Jesús quiso simbolizar el establecimiento de ella bajo la figura de unas bodas" (comentario a cantar de los cantares de Torres Amat).

Resumiendo, podemos decir que se trata de un libro inspirado, lleno de imágenes y alegorías del amor de Dios con el hombre; literalmente como uno de los más bellos e interesantes de la Biblia. La influencia de este libro en la literatura cristiana mística ha sido grandísima, entre ellos hay que recordar al santo carmelita descalzo San Juan de la Cruz "con el cántico Espiritual".

SABIDURÍA

Este libro es llamado por los griegos la "Sabiduría de Salomón". Ciertamente que se trata de un libro de mucha sabiduría, pero probablemente Salomón no es el autor de este libro. Si Salomón aparece en escena (9,7-12) es de modo ficticio, por un procedimiento literario corriente y que no induce al error.

Parece ser el autor es un judío de nombre desconocido, quien vivió nueve siglos después de Salomón, orgulloso de pertenecer al pueblo escogido y familiarizado con los libros santos. Posiblemente es además un judío de la diáspora, por eso conoce bien a los paganos y les habló en su propia lengua griega.

Según consta en 1,1 y 6,1-11, este libro se dirige a los reyes paganos invitándolos a la Sabiduría. Pero este auditorio parece que es ficticio. Más bien se dirige a los judíos e indirectamente a los paganos. "Lo que importa es primeramente es preservar de la seducción a sus correligionarios de Alejandría". De aquí la vibrante apología que hace de Israel, pueblo de los "hijos de Dios", conducidos y protegidos por su "Padre" (10; 19), depositario de la verdadera sabiduría (6-9), custodio del monoteísmo (13) y de la moral (14).

De aquí también las diatribas contra los impíos (1; 16), los renegados (2; 12) y la amenaza del castigo (5). No olvida tampoco a los paganos. En su lengua y con el vocabulario de los filósofos, presenta al Dios único (13), fue de una sabiduría muy superior a la suya (7; 22).

ECLESIÁSTICO O SIRACIDA

Ya dijimos que la expresión Eclesiástico, viene de la voz *Eclesia* que significa iglesia. Además de este nombre, este libro recibe también otro: el de *Seracida* o *Ben Sira*, más común en los autores modernos.

Se advierte claramente que su libro refleja los himnos del salterio, lo cual demuestra un trato asiduo con los Salmos, además de un alma entusiasta. Se advierte igualmente la tendencia oratoria que da a sus palabras un acento pomposo, semejante al prólogo de los Proverbios (19). *Ben Sira* tuvo conciencia de su misión: la de orientar la armonía con la ley. Hay en su obra consejos que no desdecirán de un manual de educación. Pero por encima de este sobrevivir y de esta prudencia, son la moral y la religión las que los puntos básicos.

PROFETAS MAYORES

Profecía es una palabra que suele emplearse para designar toda revelación divina (2 P 1; 20-21), que se comunica por medio del Espíritu de Dios mediante visiones, voces y sueños.

Profetas se llamaba a los que anunciaban estas revelaciones divinas al pueblo. Al principio Dios hablaba directamente a los hombres, así hizo con Abraham, Moisés etc. Después Dios quiso revelarse por unos varones escogidos a quienes ordenaba dar su mensaje al pueblo.

Entre los profetas habían algunos que solo anunciaban las revelaciones divinas sin escribirlas, como Elías y Eliseo y otros que las anunciaban y las escribían entre estos últimos tenemos a los cuatro profetas mayores: Isaías, Jeremías, Ezequiel y Daniel, añadimos también Lamentaciones y Baruc.

ISAÍAS (*Yeshayahu*)

El título del libro lleva el nombre del autor: Isaías. Isaías es en el tiempo, el primero de los escritores profetas mayores, llamados así porque redactaron sus profecías por escrito, en contra posición de los profetas oradores, como Elías y Eliseo, que no dejaron ninguna obra escrita.

Probablemente Isaías nació y vivió en Jerusalén hacia el año 765 antes de Cristo. Profetizó durante los reinados de Urías, Jotan, Acaz y Ezequías. A su esposa se le llama "profetisa" (8; 3) y tuvieron dos hijos (7; 3 y 8; 3-4). Isaías fue de carácter intrépido, tuvo que luchar solo contra muchos, contra un rey impío, contra intrigantes, mentirosos, intrusos, profanadores: pero no le importó. Era preciso seguir los mandamientos del Señor, que le obligaban a profetizar.

Según la crítica bíblica moderna, desde los capítulos 40 al final, parece que serían dos discípulos de Isaías los autores. Esta parte es llamada "libro de las consolaciones" su estilo es suave y consolador. La tercera del 56 al 66 se refiere a Jerusalén en medio de la comunidad de los repatriados.

El contenido doctrinal del libro del profeta Isaías es que: "Yahvé es el único creador y señor del mundo y de la historia. Silba a los ejércitos egipcios y asirios como se silba a los perros (5; 26 y 7; 18), para servirse de ellos como castigo de su pueblo (10:5). Yahvé es Santo (6; 3) y El fuerte (1,24)."

Israel debe esperar la salvación de la protección de Yahvé y no de las combinaciones de la política (7,4; 37,6). El pueblo elegido no deberá nunca perder de vista a Yahvé, que ha hecho alianza con él.

La presión de los pobres por los ricos es aborrecida de Yahvé, que exige la justicia social (3,14-15; 10,1; 5,8).

La Salvación vendrá por el Mesías, que hará que reine en la tierra una perfecta justicia (2,1-5; 9,1-6). Por esto, Isaías es el profeta del mesianismo por excelencia. Todas estas ideas están expresadas de una manera clara y concisa. Isaías es el mayor poeta bíblico antes del destierro.

JEREMÍAS (*Yirmayahu*)

Jeremías, título que lleva este libro por ser el autor, es el segundo de los profetas mayores. Nació según parece en Anatot, cerca de Jerusalén. Antes de nacer Jeremías fue llamado por el Señor, como nos dice el mismo en el cap. 1; 5, para que fuera profeta de Jerusalén. Siendo aún joven (1; 6) se le asignó la ardua tarea de arrancar, destruir, arruinar, edificar y plantar, como leemos en el (1; 10). Proclamó la caída de Jerusalén y el cautiverio de Babilonia. Dios le ordenó que no se casara (16; 2). También le prohibió entrar en las casas de fiestas y alegrías (16; 8). Sufrió afrentas sin cuento. Sus profecías no solo se dirigen a los judíos, sino también a los egipcios, idumeos, filisteos, moabitas, etc. Tuvo a Baruc como su amigo y secretario. Una tradición asegura que murió apedreado por sus mismos compatriotas. Fue un profeta grande.

Esta obra es la historia espiritual del pueblo elegido con todas sus caídas y levantadas. La justicia de Dios que se ve precisada a castigar por una parte y por otra el amor intenso del Señor que se hace presente en medio de este drama, pero que en uno y otro caso, lo hace para que se convierta, para que se purifique y se salve. En otras palabras quiere el Señor que su pueblo lo ame y si lo sanciona es para que se vuelva a Él. Esta obra anuncia también los sufrimientos que deberá parecer el Salvador, Por eso su interés mesiánico es muy grande.

LAMENTACIONES (*Eja*)

Libro de Lamentaciones, de las quejas o de las elegías, se ha llamado a este pequeño libro, porque canta con fúnebres quejidos la catástrofe de Jerusalén ocurrida el año 587.

¿Quién es el autor de esta obra? Tradicionalmente se le atribuía la paternidad al profeta Jeremías. Los modernos exégetas lo niegan. Hay varias razones en la biblia Hebrea, las lamentaciones no llevan el nombre de Jeremías y están colocadas entre el libro de Rut y Eclesiastés. "Jeremías tal como lo conocemos por sus oráculos auténticos, no ha podido decir que la inspiración profética se ha agotado (2; 9); ni alabar a Sedecias (4-20) ni esperar nada de la ayuda Egipcia (4; 17). Por otra parte su genio espontáneo difícilmente se puede comparar con estos poemas, de los que son alfabéticos los cuatro primeros, comenzando cada estrofa por unas de las letras del alfabeto tomadas por su orden, y el quinto tiene 22 letras precisamente las letras del alfabeto, así lo registra en la introducción los biblistas de la biblia de Jerusalén.

Por todas estas razones, y sin desconocer las semejanzas que este escrito tiene con el de Jeremías, parece que estos cantos las compusieron algunos judíos piadosos, probablemente sacerdotes, que conocían muy bien los escritos del profeta de Anatot y de los profetas del destierro.

Son cinco lamentaciones independientes sobre la catástrofe de Jerusalén, en las que se alterna la lamentación individual y la colectiva con el canto fúnebre. Sin seguir una lógica rigurosa, el poeta inspirado se lamenta la destrucción de la ciudad y de los sufrimientos de sus habitantes. En ellos reconoce un castigo justo de los pecados de Israel, pero proclama su certeza de Dios humillará un día a los enemigos del pueblo elegido (3). Espera, además, el perdón y suplica a Dios que tenga misericordia y le dirige en tal sentido una ferviente oración (5).

BARUC

Este libro lleva el nombre del autor que lo escribió. ¿Quién es Baruc? De él se hace mención varias veces en el profeta Jeremías, del cual fue discípulo, secretario y compañero inseparable. Parece que era de una familia principal entre los Judíos y vemos que a su hermano Seraias se le llama príncipe (Jr., 51; 61). Dictando Jeremías, escribió Baruc en un libro todas las profecías dichas por el profeta, las cuales leyó después delante de todo el pueblo y del mismo rey. Siguió a Jeremías su maestro a Egipto, y después pasó a Babilonia para manifestar a sus hermanos cautivos las profecías de Jeremías.

Esta obra es considerada como de la propia inspiración de Baruc y muy independiente a la obra del profeta Jeremías, por eso actualmente se considera obra aparte.

Esta obra parece más bien una colección de piezas diversas que, en un principio, hubiera existido independientemente. Todas ellas evocan la vida de las comunidades judías en Babilonia: su unión con Jerusalén, su súplica y esperanza Mesiánica, su lealtad a las autoridades y su horror por la idolatría. Por fin en Babilonia se meditaban continuamente los libros santos.

EZEQUIEL (*Yejezquiel*)

Ezequiel, otro de los grandes profetas del AT, es el autor de este libro que lleva su nombre. Ezequiel fue conducido por Nabucodonosor a Babilonia, juntamente con el rey Jeconías, allí vivió entre los cautivos de Tel-Aviv, junto al río Cobar (3; 15), cuando el año quinto de su cautiverio, Dios, por medio de una visión admirable, le eligió para ser profeta (1, 1;3-21). Desde entonces, por espacio de más de veinte años, no ceso de exhortar, consolar y mover a penitencia a los judíos, con sus vaticinios, predicciones y acciones simbólicas.

Su estilo como escritor es muy distinto del de Jeremías e Isaías.

Sus visiones respecto al futuro, eran mucho más grandes y completas. Empleó por lo menos 100 veces en sus escritos la expresión "hijo del Hombre" que Dios le dio. Solo a otro profeta del antiguo testamento se le designa así: Daniel. Cristo se aplicó así mismo ese título 86 veces. Es un profeta muy interesante.

Es característica de Ezequiel, las visiones que describe con las más pequeños detalles y con abundantes símbolos, a menudo muy difíciles de entender. Así por ejemplo, la parábola del fuego en el bosque del sur (20, 45-49).

Solo Daniel y el Apocalipsis tienen un simbolismo tan complicado. San Jerónimo llama a la última parte del libro, "Océano de las Escrituras y laberinto de los misterios de Dios".

DANIEL (*Daniyel*)

Se llama así a este libro por ser Daniel -uno de los cuatro grandes profetas del Antiguo Testamento -su autor. Daniel era de la tribu de Judá y Nabucodonosor se lo llevó cautivo a Babilonia, después de la toma de Jerusalén.

Era de muy poca edad cuando fue escogido con otros jovencitos de los principales de los judíos para entrar al servicio de Nabucodonosor, quien el hizo instruir en las ciencias y las lenguas de los Caldeos.

El talento y la buena conducta de Daniel le conquistaron la simpatía del rey. Por eso quizá Daniel fue "primer Ministro", bajo cuatro dinastías de las mayores potencias del mundo de aquel tiempo.

La finalidad de este libro es sostener la fe y la esperanza de los judíos perseguidos por Antíoco Epifanes. Daniel y sus compañeros se han visto sometidos a las mismas pruebas: abandono de las prescripciones de la ley (1). Tentación de la idolatría (3-6), etc. Pero han salido victoriosos y los antiguos perseguidores han tenido que reconocer el poder de Dios. El perseguidor moderno es pintado con rasgos más negros, pero cuando la cólera de Dios queda satisfecha (8,19; 11; 36), vendrá el tiempo del fin (8; 17; 11; 40) en que el perseguidor será abatido (8; 25 y 11; 45). Entonces se acabaran las desdichas y el pecado y tendrá lugar el advenimiento del reino de los santos, gobernado por "el hijo del hombre" cuyo imperio jamás pasará (7).

Este libro, por sus historias, símbolos, parábolas y alegorías, es uno de los más interesantes y alucinantes del AT aunque difícil de ser entendido.

LOS DOCE PROFETAS MENORES

El último libro del canon hebreo de los profetas se denomina simplemente *"Los doce"*. Agrupa, en efecto, doce tratados atribuidos a diferentes profetas, la iglesia cristiana los considera como los doce profetas menores, no porque sean menos importantes que los profetas mayores, sino por la brevedad comparativa con estos, ya que en conjunto, tienen solo un capítulo más que el libro de Isaías y sus 1.050 versículos, se quedan cortos ante los 1.346.

La colección de estos doce, se hallaba formada ya en la época del eclesiástico o *sir acida*, como consta en el capítulo 49; 10. La biblia hebrea, seguida de la Vulgata de san Jerónimo, coloca estos tratados según el orden histórico que la tradición le atribuía; colocación que es algo distinta en la biblia Griega, que además, los pone ante los profetas mayores. Aquí seguimos el orden ofrecido por la biblia Hebrea y la Vulgata.

Estos doce libros, forman tres grupos. Los primeros tres son profecías dirigidas a Israel y Judá. Los seis siguientes a Judá y a las naciones gentiles. Los últimos tres, escritos después del exilio, se refieren a la restauración permanente de Judá.

Por su breve contenido vamos a estudiar aquí en tres grupos de cuatro libros.

OSEAS, JOEL, AMÓS Y ABDIAS (*Hoshea, Yoel, Amos, y Ovadia*)

OSEAS

Cuyo libro lleva su nombre, hijo de Beri, profetizó en los reinados de Ozias, de Joatan, de Acaz y Ezequías, reyes de Judá. Fue contemporáneo de Isaías y Amos. Fue elegido por Dios para anunciar sus castigos a las diez tribus de Israel. De su vida solo conocemos el drama que él nos cuenta en los capítulos del 1-3, del cual se han dado ciertas interpretaciones. Además se casó con una prostituta por órdenes de Dios, Para dar a conocer que Israel a pesar de haberse prostituido seguía siendo el amor profundo de su Señor.

El libro de Oseas, que contiene 14 capítulos, es de estilo patético, sentencioso y elocuente. Trata de transmitir, a través de su vida íntima, el mensaje que Yahvé quiere transmitir a su pueblo: la misericordia del Señor, correspondida con la fidelidad de su pueblo. Como a través de sus páginas Oseas cuenta su propio drama, las palabras le salen de su boca sin esfuerzo y con espontaneidad.

JOEL

Escribió el libro que lleva también su nombre, profetizó Joel en el reinado de Judá, después de la ruina de Israel y después de haber sido llevados sus diez tribus cautivas a Babilonia.

El libro de Joel, tiene apenas cuatro capítulos. Su estilo es vehemente, expresivo y figurado. Lo más interesante de él es el capítulo 2; 28-32, en que profetiza la venida del Espíritu Santo sobre los apóstoles, texto interesante que repetirá el Apóstol san Pedro el día de Pentecostés, como consta en hechos 2,17. En el capítulo 2 hay también un bello mensaje de invitación a la penitencia.

AMOS

Es igual el autor de un libro. Era pastor de Tecue, pueblo cercano a Belén y profetizo en Betel, en donde Jeroboan, rey de Israel, adoraba a los ídolos. Le predijo a este que sino desistía de su maldad, serian él y toda su familia llevados cautivos. Amasias, sacerdote de Betel, le acusó de rebelde al rey. No se sabe cómo murió.

El libro de Amos, con sus nueve capítulos, está escrito con sencillez y hay comparaciones hermosas tomadas del pastoreo. Amos es el profeta de la Justicia y la justicia consiste ante todo en ser fiel a la Alianza. Ve el desorden y se revela en contra de él. Pero no es un demagogo, es simplemente un testigo de la justicia de Yahvé.

ABDIAS

Es el autor del libro más corto de la Biblia, dirigió su profecía a lo Idumeos, a los cuales les anuncia castigos por lo mal que se portaron con el pueblo de Judá o de Jacob.

El libro de Abdías apenas tiene 21 versículos. Ya dijimos antes que es el más corto de la Biblia. Se limita a profetizar la ruina de la idolatría y a anunciar el establecimiento del reino de Yahvé.

JONAS, MIQUEAS, NAHUM Y HABACUC
(Yona, Mija, Najum, Javacuc)

JONÁS

Vivió en tiempos de Joas y de Jeroboan II, reyes de Israel, y Ozia o Azarias, rey de Judá. Se le conoce en la historia por el relato famoso de la ballena, en el cual incluso Cristo alude cuando anuncia a su resurrección.

El libro de Jonás tiene un mensaje para la ciudad de Nínive, una de las ciudades más poderosas de aquel tiempo. El profeta llama a esta ciudad a la penitencia, pero ya sabemos las peripecias que pasó en el mar, al ser arrojado allí por la tripulación, tragado por una ballena, que a los tres días lo devuelve nuevamente a las aguas. Hecho que es símbolo de la resurrección del Señor, como el mismo Jesús lo dijo.

MIQUEAS

Nació en Morasti, pueblo cercano de Hebrón, en la tribu de Judá. Profetizó en los reinados de Joatan, Acaz y Ezequías y fue contemporáneo de Isaías, Oseas, Joel y Amos. No deben confundirse con otro profeta del mismo nombre que vivió en tiempo de Acab y Josafat, cerca de 150 años antes de éste.

El estilo de este libro es figurado y elevado, predice la ruina y la cautividad de las diez tribus de Israel por los Asirios, la del reino de Judá por los Caldeos, y la libertad que Ciro debía dar a todos. Anuncia también el establecimiento de la Iglesia y señala así mismo el lugar en donde nacería el Mesías.

NAHÚN

Fue natural de Elcelsa, pequeño pueblo de Galilea. Floreció en tiempo del rey Manases. No se sabe más de su vida.

Este libro es como la continuación de Jonás. Como este, se refiere a la ciudad de Nínive y profetiza su ruina. Es un libro interesante y de hermoso estilo.

HABACUC

Parece ser homónimo de otro Habacuc del que se habla en Daniel 14, 32, del cual se dice que fue llevado de los cabellos por un ángel para alimentar a Daniel. Nada cuentan de su vida los escritores e historiadores.

El libro de Habacuc habla de aflicción. Se parece al de Jeremías. Proféticamente ve a los caldeos invadir a Babilonia, acabar con el templo y el culto sagrado, devastar la tierra y desterrar al pueblo. Su profecía está llena de burla y desolación, pero no carece de esperanza.

SOFONÍAS, AGEO, ZACARÍAS Y MALAQUÍAS

(Tzfania, Jagai, Zejaira y Malaji)

SOFONÍAS

De la familia ilustre, comenzó a predicar en el reinado de Josías. Su campo de acción es Judá.

Sofonías exhorta a los judíos a la penitencia, predice la ruina de Nínive y después de fulminar terribles amenazas contra Jerusalén, concluye con la promesa de la libertad, de la promulgación de una nueva ley, de la vocación de los gentiles y de los progresos de la Iglesia.

AGEO

Vino a Judea con Zorobabel, príncipe de Judá. No se sabe más de su vida.

Ageo concentra su mensaje en este único tema. "Ha llegado la hora de reconstruir la casa de Yahvé". Tema que tiene relación con la esperanza del Mesías deseado.

ZACARÍAS

Fue hijo de Baraquías y nieto de Addo. Algunos dicen que es el mismo de quien Jesucristo dijo que fue muerto entre el templo y el altar (Mt 23; 35). Aunque San Jerónimo y otros autores son de opinión contraria.

Zacarías está lleno de visiones simbólicas, al estilo de Ezequiel, también se preocupa de la restauración del templo y exhorta al pueblo constantemente a llevar una vida santa, mediante la justicia, la bondad y la compasión fraterna.

MALAQUÍAS

Es el último de los profetas del antiguo testamento, los entendidos fechan su libro alrededor del año 450 antes de Cristo. Poco antes de llevarse a cabo la reforma de Nehemías.

Malaquías, que significa "mensajero", critica los escándalos que deshonran a la comunidad, echa en cara a los sacerdotes su mala conducta, cuando debían de dar buen ejemplo, y presiente que el culto se va a hacer cada vez más espiritual.

Anuncia al Mesías, pero su Mesianismo es discreto: habla tan solo del día de Yahvé y anuncia la venida del mensajero precursor, un nuevo Elías.

EVANGELIO Y HECHOS DE LOS APOSTOLES

El nuevo testamento consta de 27 libros. Este es el número en el canon católico. Todos estos libros, de una u otra manera nos hablan de Jesucristo, coronación de los designios salvadores de Dios para la humanidad, y de la iglesia que él formó, el nuevo pueblo de Dios, encargado de perpetuar la historia inicial en Israel.

Evangelio es una expresión de origen griego que significa "buena nueva o buena noticia". Y en verdad que es así, puesto que en ellos se comunica la buena, la gran noticia de que Dios se hace hombre en la persona de Jesucristo con el fin de salvarnos, porque somos objeto del amor divino.

Es un solo Evangelio escrito en cuatro versiones por medio de los diversos autores.

San Mateo.

San Marcos.

San Lucas.

San Juan.

Los tres primeros son conocidos como *Sinópticos*, palabra griega que significa "resumen, vista de su conjunto" llamados así en nuestro caso porque tienen narraciones semejantes, de manera que, si esas narraciones las colocaremos en tres columnas paralelas, veríamos una coincidencia muy apreciable. Sin embargo los tres poseen detalles que los diferencian, como veremos después, debido a que también tuvieron distintas fuentes de información, puntos que les hacen particularmente interesantes.

EVANGELIO SEGÚN SAN MATEO

San Mateo, uno de los discípulos de Cristo. Su nombre anterior era Leví, hijo de Alfeo, y trabajaba como publicano recaudando impuestos en Israel, hasta que fue llamado por Jesús, según consta en su Evangelio 9,9-10 en san Marcos 2, 14-15 y también en san Lucas 5, 27-32.

San Mateo escribió su evangelio entre los años 70 a 75 en Jerusalén, lo hizo a petición de los discípulos en beneficio de los Judíos que se convertían al cristianismo. Se deduce esto porque este evangelio supone la destrucción de Jerusalén ocurrida en el año 70 d.C.

Al escribir san Mateo este libro primordialmente para lectores judíos. Trata de presentar a Jesús como el Mesías, el rey de los judíos. Detalle que se puede constatar a través de los pasajes como la genealogía (1, 1-17); la visita de los magos (2, 1-12); la entrada en Jerusalén (21,5); el juicio de las naciones (25, 31-46) y, en común con los otros evangelios, la inscripción sobre la cruz (27; 37). Además de esto, hay mucho en este evangelio acerca del "reino de los cielos", expresión que solo la emplea San Mateo.

Este libro también sirve como puente entre el Antiguo y Nuevo Testamento. Y así, une las profecías del Mesías que vendría con el cumplimiento de las mismas. Por eso con frecuencia alude y cita a los profetas y relaciona las palabras de estos con los temas que le ocupa, por ejemplo véase: (1; 22. 2; 15-17-23. 4; 14; 8; 17. 12; 17. 13; 35. 21; 4. 26; 54 .y 27; 9). Es como si San Mateo advirtiera primero que el Antiguo Testamento dice "ya viene Cristo". Y luego presentara su propio mensaje que dice: "aquí está".

Solo en los tres capítulos primeros repite seis veces "para que se cumpliese"...

EVANGELIO SEGÚN SAN MARCOS

San Marcos, al contrario de san Mateo, no fue discípulo de Jesús y probablemente no lo conoció. Era de Jerusalén (Hecho 12, 12), primo de Bernabé (Col 4,10), asistió a Pablo en su apostolado (Hecho 12, 25; 13,5; Flm 24 y 2 Tm 4,11). Fue también compañero de Pedro (1, 5,13) e interprete suyo.

Como se ve su contacto con los Apóstoles, especialmente con san Pedro, fue intenso. Por eso no hay que dudar de que san Marcos utilizase sus experiencias para escribir su evangelio.

Hasta hace escasos años se pensaba que el evangelio de san Marcos había sido escrito entre los años 65-70, poco antes de la destrucción de Jerusalén (70 dC), pero estudios recientes más serios hacen posible una fecha anterior, hacia el año 50. Seria por tanto el primer evangelio que se escribió, antes que el de san Mateo y san Lucas, los cuales se habrían inspirado en San Marcos para escribir su evangelio.

San Marcos dirige su evangelio principalmente a los romanos y le presenta a Jesús como el siervo de Yahveh, como el Mesías (1, 1; 8,29; 14,6) y como hijo de Dios (1,1 y 14,61).

El ministerio de Galilea (cap. 1 al 6) muestra a Jesús como el maestro y profeta; su popularidad se hace en seguida muy grande, pero para evitar desviaciones triunfalistas Jesús impone su secreto (1,44) y se designa a sí mismo como "el hombre" título mesiánico un tanto obscuro.

Anuncia el reinado de Dios, que no se inaugurará con un golpe de fuerza, sino que será el resultado de un crecimiento (4, 1-10; 26; 32). Envía a los doce en misión por Galilea del norte (6; 6-13). La oposición no descansa, y llega a producir un choque frontal acerca de la validez de la ley (7; 1-23), que obliga a Jesús a retirarse del ministerio público en Galilea. Se va con los doce del norte, a la región de tiro (7; 24 y 8; 26). A su vuelta encuentra la misma oposición (8; 11-13) y vuelve a marcharse esta vez a Cesárea de Filipo (8; 27) donde por primera vez propone a sus discípulos la cuestión decisiva: Pedro, en nombre de todos, declara haber conocido en él al mesías esperado (8,29); Jesús aclara el sentido de su mesianismo (8,31) y la condiciones de ser su discípulo, cortando en seco toda ilusión de triunfo político (8,34-38). El padre glorifica esta actitud de Jesús. Emprende el viaje a Jerusalén, instruyendo a sus discípulos (9, 30-31) y corrigiéndolos (9,30-32; 33,41; 10,28; 35-45). Su entrada a Jerusalén es la proclamación publica de su título de "mesías Rey".

Todo lo anterior expone san Marcos de una manera clara, breve y compendiosa, que inclinó a muchos escritores a pensar en el cómo compendiador de san Mateo. Pero ya hemos visto que más bien san Mateo. Es el que amplio el evangelio de San Marcos, lo mismo que Lucas.

EVANGELIO SEGÚN SAN LUCAS

Según la epístola de los Colosenses 4; 14, Lucas fue médico y compañero de san Pablo. Nació probablemente en Antioquia; compañero de Pablo en su segundo viaje (Hecho 16; 10) y tercer viaje apostólico

(Hecho 20; 55). Así como las dos veces que estuvo en Roma (Hecho 27; 16 y Tim 4; 11). Además de este evangelio escribió Hechos de los apóstoles. Fue gentil convertido. Se sirvió para su escrito de gran parte del evangelio de San Marcos. Lo escribió en griego entre los años 65 al 70 dC.

San Lucas dirigió su evangelio especialmente a los lectores griegos –o no Judíos-, y les presenta a Jesús como el hijo del hombre, el ser humano ideal. Como los griegos habían estado buscando por mucho tiempo al hombre perfecto. Lucas tuvo como fin satisfacer su búsqueda.

Los pasajes más importantes son: el relato del nacimiento e infancia de Jesús, que amplia estos detalles como ningún evangelista; 1-2. El testimonio de Dios en favor de su hijo. 3; 21-22. El anuncio de Jesús como el ungido: 4; 16-24. La misión del hijo del hombre: 19; 10.

Aparte de esto es digno de notarse el tema lucano sobre la misericordia de Dios para con el hombre, expresadas a través de las parábolas tan emotivas como la oveja perdida, el hijo prodigo etc. En el capítulo 15. Es también digno de tenerse en cuenta la prominencia que da a la persona del Espíritu Santo tanto en Cristo como en otros personajes que aparecen a través de Él, como Zacarías, Isabel, Simeón, María. Otro detalle interesante es la repetición de expresiones que tienen relación con la humanidad de Cristo.

EVANGELIO SEGÚN SAN JUAN

San Juan era natural de Betesda, en Galilea, cerca del mar o lago de Tiberiades, hijo de Sebedeo y Salomé y hermano de Santiago el menor, con quien fue llamado al apostolado, estando los dos con su padre, componiendo las redes en la barca (Jn 1,37 y Mt 4,21-22). Se le identifica como el "discípulo amado", que aparece en forma anónima varias veces en el decurso de este evangelio (13,23; 18, 15-16; 19, 26-27). "Siendo Obispo de Éfeso, fue llevado a Roma en la persecución del emperador Domiciano. Desterrado por el mismo emperador a la isla de Patmos, escribió allí el Apocalipsis. Muerto Domiciano, volvió a Éfeso, en donde escribió su evangelio contra Cerinto y otros herejes, con el fin de refutar el error que empezaba a extenderse por parte de los ebionistas, que negaban la divinidad de Jesucristo". Escribió este evangelio en griego a finales del siglo I. Permaneció virgen y murió a la edad muy avanzada en el imperio de Trajano.

Este evangelio es una proclamación de la mesianidad y divina filiación de Jesús. Jesús para san Juan, es verbo hecho carne que viene a dar la vida a los hombres (1,14). Jesús es también el testigo de lo que ha visto y oído junto al padre (3,11).

Tres características importantes distintas de los otros evangelistas pone san Juan en este libro: las "señales", "creer" y "vida".

La expresión "señales" es el término que emplea san Juan para calificar los milagros de Jesús. Esas señales tienen como objeto mostrar que Jesús es el Cristo, el hijo de Dios.

Siete señales señala con tal fin; la del agua transformada en vino, que es el poder de Jesús sobre la cualidad. La de la curación del hijo del noble, que es el poder sobre la distancia. La de la curación de un paralítico, que es el poder de Jesús sobre el tiempo. La alimentación a "cinco mil hombres sin contar a mujeres y niños" que es poder de Jesús sobre la cantidad, la de caminar sobre la aguas, que es poder de Jesús sobre las leyes naturales. La curación del ciego, que es el poder de Jesús ante la impotencia. Y finalmente la de la resurrección de Lázaro, que es poder de Jesús sobre la muerte. De estas siete señales solo se encuentran dos en los otros evangelios, la de la multiplicación de los panes y la de caminar sobre las aguas.

"Creer" es una de las palabras más usuales en este libro de San Juan. Aparece por lo menos 98 veces. Y siempre se encuentra en forma verbal "creer", nunca como sustantivo "creencia". Lo cual da impresión de acción de algo que sucede. La palabra se emplea para indicar la respuesta del pueblo de Jesús. *"Si creen en Él, serán seguidores suyos; si no creen, serán sus contrarios".* "Creer" tiene también varias palabras sinónimas: "recibir" (1, 12); "entrar" (10, 9), etc., todas muy llenas de significado.

"Vida". Es otro de los términos que emplea mucho Juan. Es el resultado de creer en Él. El que recibe vida, se convierte el hijo de Dios. Es la naturaleza divina comunicada al creyente. El Espíritu Santo que es el agente de regeneración, será como ríos de agua viva que fluye de dentro del que ha bebido el agua de vida (7, 37).

San Juan, pues, al escribir esta historia íntima de Jesús, trata de situar a los lectores frente a esta persona divina, que con sus palabras y señales nos invitan a decidirnos.

Sus enseñanzas son profundas, íntimas y muy personales. Casi todas llevan el sello del "Yo soy", por ejemplo: Yo soy el pan de vida, yo soy la luz del mundo, etc., hasta siete veces.

HECHOS DE LOS APÓSTOLES

El libro de los "Hechos de los Apóstoles", llamado así porque recoge la actividad maravillosa de los apóstoles en la primitiva iglesia, fue escrito por San Lucas evangelista, como se desprende del prólogo, similar al de su evangelio. Sin esta obra, apenas conoceríamos algo de los primeros treinta años de los primeros discípulos de Jesús. Se ha dicho que así como el AT es la obra del Padre, y los evangelios relatan la vida y obras del hijo. Hechos es el evangelio del Espíritu Santo. Y es que basta leerlo para que nos convenzamos de la obra de este Espíritu Santo.

Podríamos decir que el contenido doctrinal de este libro se basa en 4 aspectos: uno histórico, otro doctrinal, otro apologético y otro biográfico.

Como valor histórico. Hechos es la continuación del relato comenzando por san Lucas en su evangelio. Basta comparar ambos prólogos, para que nos demos cuenta de ello. Lo que allí comenzó a obrar Jesús personalmente, complementa aquí por "medio de sus discípulos", gracias a la acción constante y clarísima de su Espíritu.

Hechos es una palabra, es la historia de la iglesia fundada por Jesús en los primeros años del cristianismo.

Su valor doctrinal se encuentra en la acción personal y colectiva del Espíritu Santo. Sus alusiones son muchísimas en hechos. (Véase por ejemplo: 1,5 y 8,2 todos; 4, 29-31; 8, 15-17, etc.). Ya dijimos que es su "evangelio".

Su valor apologético es tan grande, que podríamos decir que es una defensa del cristianismo. Los apóstoles y los discípulos son testigos de lo que vieron y dan incluso su sangre por defender lo que vieron.

Su valor biográfico es también considerable y preciso, especialmente en lo que se refiere a San Pedro y San Pablo, a sus discursos. Viajes, peripecias. Y con ellos muchos otros personajes, como Esteban, Felipe, Bernabé, Juan, Marcos, Silas, Timoteo, Apolo. Etc.

CARTAS DE SAN PABLO

La primera figura de la Iglesia, como escritor y como apóstol, es seguramente San Pablo. Su biografía es interesantísima y pocas figuras despiertan la simpatía y admiración que despierta la suya. Y es que en San Pablo todo es un misterio, sencillo y sublime a la vez.

Pablo -llamado antes Saulo- era judío, de padres también judíos, nacido en Tarso, provincia de Sicilia. De allí su nombre "Pablo de Tarso". Según su propio testimonio fue Fariseo, como su padre (He 23; 6). Pertenecía a la tribu de Benjamín, como el mismo lo dice en Filipenses 3; 5 y por tanto, de raza luchadora, virtud tradicional a la cual San Pablo hace honor (Gal 1; 3). A temprana edad fue a Jerusalén y según dice hechos, estudió bajo el famoso rabino Gamaliel, maestro eminente de la escuela de Hillel (22; 3). Era celosísimo también de las tradiciones, podríamos decir, como ninguno, según el mismo confiesa en Gálatas 1; 14. Era muy culto, especialmente en literatura griega (Hecho 17; 28). Y finalmente era ciudadano romano (hecho 22,28) lo cual le dio derecho a apelar al Cesar (Hecho 25; 11-12).

Lo más maravilloso de san Pablo fue su conversión a Cristo y el celo apostólico de que se revistió, el cual es narrado a lo largo de los Hechos. Fue, como se dice hoy, un líder completo.

Todas las cartas constan generalmente de tres partes: primero una introducción, con el nombre de autor, destinatario y saludo: segundo: el contenido doctrinal y moral, lo cual es muchas veces como una consecuencia de la doctrina expuesta, aplicada a las necesidades espirituales de los fieles. Y tercero: una conclusión, con saludos y bendiciones.

El apóstol acostumbraba a dictar sus cartas. De ahí los numerosos incisos que a veces encontramos en ellas; incluso puede apreciarse, después de detallados estudios analíticos, los párrafos en donde Pablo interrumpía su dictado, que con seguridad lo haría varios días.

Escribió sus cartas en Griego, no clásico, sino vulgar, corriente, para que todos lo entendiesen. Su estilo es vivo, expresivo, ardiente, vigoroso, enérgico, a veces y sobre todo personalísimo.

El núcleo de su doctrina está centrada en el misterio de Cristo que abarca: justificación por la Fe en Cristo; obra redentora de Jesucristo Dios y Hombre; realidad del cuerpo de Cristo en la comunidad de la Iglesia.

CARTAS SOTERIOLÓGICAS DE SAN PABLO

Se llaman así a las que hablan directamente del mensaje de salvación- de la voz griega Sotero=salvación. Son cuatro: a los Romanos, 1 y 2 a los Corintios y a los Gálatas.

CARTA DEL APOSTOL SAN PABLO A LOS ROMANOS

Pablo escribe esta carta a la comunidad de Roma, compuesta para convertidos del Judaísmo y de la gentilidad, según parece entre los años 57-58, desde Corinto. Personalmente no conocía a los romanos, pero en ella le anuncia su próxima visita.

Esta carta es la más teológica de todas; en ella retoma las ideas de su otra carta a los Gálatas -que escribió antes que esta-, pero aquí la expone de una manera más ordenada y matizada.

Contenido doctrinal:

La Justificación: (1 a 4).

Judíos y gentiles bajo la cólera de Dios (1, 2 y 3).

La justicia de Dios y la Fe (3; 21-30)

El ejemplo de Abraham (4).

La salvación (5, 1-11).

Liberación del pecado, de la muerte y de la ley (5; 12, 6-7).

La vida del cristiano en el espíritu (8).

Situación de Israel en cuanto a la salvación (9; 10 y 11).

Exhortación moral (12; 13; 14 y 15).

I Y II CARTA DEL APOSTOL SAN PABLO A LOS CORINTIOS

Corinto es una ciudad griega muy importante, distante de Atenas a unos 80 kilómetros. Pablo visitó por primera vez a Corinto en su segundo viaje (Hecho 18; 1-17). Allí conoció a Aquila y Priscila, mientras esperaba que Silas y Timoteo llegara a Macedonia, y al ver que tenía el mismo oficio que él, vivió con ellos mientras predicaba.

Cuando estaba en Éfeso, en su tercer viaje, (Hecho 19; 1-4) algunos miembros de la familia de Cloe le trajeron noticias de que no andaban muy bien las cosas en la comunidad de Corinto (1 Co 1; 11). Además, ella misma le había enviado una en la que le hablaba de algunos problemas que habían surgido, al mismo tiempo de que le solicitaba respuestas (1 Co 7; 1: 8; 1: 12; 1: 15; 12 y 16; 1). Para contestar a esto y otros problemas san Pablo le escribe sus cartas.

Cuerpo doctrinal:

Divisiones y escándalos:

Los partidos de la iglesia de Corinto (1; 10-16).

Sabiduría del mundo y sabiduría cristiana

(1; 17-31 y 2).

La verdadera misión de los predicadores (3; 5-22 y 4).

El caso de incestuoso. (5; 1-13).

Recurso a los tribunales paganos (6; 1-11).

La fornicación y la dignidad del cuerpo humano

(6; 12-20).

Solución a diversos problemas:

Matrimonio y virginidad (7).

Sobre lo inmolado a los ídolos (8).

Ejemplo de Pablo (9).

Lección de la historia de Israel (10).

El buen orden de las Asambleas (11).

El ornato en las mujeres (11; 2-16).

La cena del Señor (11, 17-34).

Los dones espirituales o carismas. La caridad

(12, 13 y 14).

La resurrección de los muertos (15).

La conclusión (16).

II CARTA A LOS CORINTIOS

Mas sobre los anteriores incidentes (1, 12-7).

Organización sobre la colecta (8 y 9).

Apología de san Pablo. Inquietudes y aprensiones (10 y 13).

Conclusión.

CARTA DEL APOSTOL SAN PABLO A LOS GALATAS

Los destinatarios de esta carta son sin duda los habitantes de la región "gálata", recorrida por Pablo con ocasión del segundo y tercer viaje (Hecho 16; 6: 18; 23). Y puede ser escrita en Éfeso o en Macedonia hacia el año 57. Antes, por tanto, que la Carta a los romanos.

Doctrinalmente presenta las ideas de la carta a los romanos, aunque mucho más concretas y esquemáticas, ya que san Pablo la escribió como impulsado por una reacción inmediata provocada por una situación que se había presentado en la comunidad de Galacia.

Cuerpo y doctrina:

Apología personal.

La llamada de Dios a Pablo (1; 11-24)

El concilio de Jerusalén (2; 1-14)

El evangelio de Pablo (2; 15-21)

Argumentación doctrinal:

La Justificación por la Fe, la ley y función de la ley.

el advenimiento de la fe (3).

La filiación divina (4; 1-20).

Las dos alianzas: Agar y Sara (4; 21-31).

Exhortaciones:

La libertad y la caridad (5; 1-25).

Preceptos diversos sobre el amor (6).

Epílogo (6; 11-18).

CARTAS CRISTOLÓGICAS DE SAN PABLO

Se llaman así a las que tratan directamente de la figura de Jesucristo: son tres: a los efesios, a los colosenses y a los filipenses. Fueron escritas mientras Pablo se encontraba preso en Roma (Hecho 28, 30, 31); de ahí que también reciban el nombre de "cartas de la cautividad".

CARTA DEL APOSTOL SAN PABLO A LOS EFESIOS

Primer siglo de la era cristiana, Éfeso era considerada como la primera ciudad de Asia, aunque en realidad era Pergamo (Ap 2; 12) la que seguía siendo la capital oficial. Pero es que su relieve comercial, intelectual y aun religioso era muy grande. La gran diosa de los efesios era Diana, a quien levantaron un templo esplendoroso (Hecho 19; 23). Pablo evangelizó esta ciudad (Hecho 19; 23) y la consolidó en la fe, hasta a edificar una de las comunidades cristianas más perfectas, como así lo proclama en la carta que les escribe.

El tema central de esta epístola es la iglesia como cuerpo de Cristo. Habla también de la vocación a la santidad y pone de relieve temas tan interesantes como la elección, la predestinación, la adopción filial, la redención, el sello del Espíritu Santo, etc. Tiene aspectos paralelos con la carta a los colosenses.

El misterio de la Salvación y de la Iglesia (1; 2 y 3).

El plan divino de la salvación (1; 3-14).

Triunfo y supremacía de Cristo (1; 15-23).

La salvación de Cristo, don gratuito (2, 1-10).

Judíos y gentiles reconciliados entre sí (2; 11-22).

Pablo, ministro del misterio de Cristo (3).

Exhortación:

Llamamiento a la unidad (4; 1-16).

La vida nueva en Cristo (4; 1-16).

Moral familiar (4; 21-33 y 6; 1-9).

El combate Espiritual (6; 10-20).

Noticias personales y saludo final (6; 21-23).

CARTA DEL APOSTOL SAN PABLO A LOS FILIPENSES

Filipos, ciudad de Macedonia, fue famosa, entre otras cosas, por la batalla librada en el año 42 a.C. entre Octavio y Antonio por una parte y Bruto y Casio por otra. El triunfador Octavio dio a la ciudad la categoría de colonia romana, por lo cual llego a convertirse en una reproducción de la ciudad imperial de Roma. Pablo predicó en ella por primera vez, acompañado de Silas, Timoteo y Lucas, hacia el año 51, iniciando así su apostolado europeo (Hecho 16; 12-40). Allí forma una comunidad, cuyo núcleo principal fue Lidia y su familia.

Situación personal de san Pablo (1; 12-26).

Invitación paternal:

A la lucha por la fe (1; 27-30).

A la unidad en la humildad (2; 1-11).

A trabajar en la obra de la salvación (2; 12-18).

El verdadero camino de la salvación (3).

Últimos consejos, agradecimiento y saludo final (4 y ss.).

Esta carta no tiene un plan sistemático de doctrina. Es más bien una conversación paternal y afectuosa, en la que invita a sus hijos filipenses a mantenerse en la unidad, caridad, humildad, alegría y otras virtudes que ellos la supieron llevar a la práctica. Por eso les dice que son "su gozo y su corona".

CARTA DEL APOSTOL SAN PABLO A LOS COLOCENSES

Colosas era una ciudad pequeña, situada en los márgenes del río Licos, cerca de Loadicea y Hierapolis. Sin embargo por su envidiable posición geográfica, corrían en la población ideologías contrapuestas. Epafra, colaborador de Pablo, había evangelizado ya esta ciudad y él habla al apóstol del amor a los colosenses (1; 8) y del peligro que suponía para ellos la enseñanza de algunos errores. Por tal motivo, Pablo se anima y les escribe esta carta.

Saludo, acción de gracias y suplica (1; 1-14).

Parte dogmática:

La primacía de Cristo (1; 15-20).

Los colosenses participan de la salvación (1; 21-23).

Trabajo de Pablo en servicio de los gentiles (1; 24-29).

Preocupación de Pablo por la fe de los colosenses (2; 1-5).

Avisos acerca de los errores:

La verdadera fe en Cristo y las vanas filosofías (2, 6-23).

La unión con Cristo glorioso, príncipe de nueva vida (3; 14).

Espíritu Apostólico (4; 2-6).

Noticias personales y saludo final (4; 7-18).

CARTAS ESCATOLÓGICAS DE SAN PABLO

Llámense "Escatológicas" a las cartas Paulinas que se refieren a las cosas ultimas y la segunda venida de Cristo. Son dos y las dos están dirigidas a los Tesalonicenses...

I CARTA DEL APOSTOL SAN PABLO
A LOS TESALONISENCES

Tesalónica era la capital de Macedonia en tiempo de los primeros cristianos. Fue fundada por el rey Casandro hacia el año 315 A.C. y denominada Tesalónica porque así se llamaba su mujer, hermana a la vez de Alejandro Magno. El año 148 A.C. cae bajo la dominación romana.

San Pablo llega a esta gran ciudad comercial en su segundo viaje acompañado de Silas y Timoteo (Hecho 17; 1-9). Al principio les fue muy bien, pero muy pronto unos judíos celosos empezaron a protestar en contra de ellos, acusándolos de realizar actos contrarios a los "decretos del Cesar, diciendo que hay otro rey, Jesús" (Hecho 17; 7). Por tal motivo fueron despedidos de la ciudad. Pero allí quedo sembrada una comunidad. Desde Corinto les escribe estas dos cartas a los atribulados Tesalonicenses, como amigo y consejero espiritual.

Cuerpo doctrinal:

Comportamiento de san Pablo durante su estancia en Tesalónica (2; 1-12).

La fe y la paciencia de los tesalonicenses (2; 13-16).

Inquietudes del apóstol (2; 17-20 y 3).

Recomendaciones:

Santidad de la vida (4; 1-12).

Los muertos y los vivos en la venida del Señor (4; 13-18).

vigilancia en la espera de la venida de Cristo (5; 1-11).

Algunas exigencias de la vida de la comunidad (5; 12-22).

Ultimo ruego y despedida (5; 23-28).

II CARTA DEL APOSTOL SAN PABLO A LOS TESALONICENSES

Es muy corta, pues solamente tiene tres capítulos, distribuidos de la siguiente forma:

saludo, acción de gracias y palabras de aliento.

Cuerpo de doctrina.

La venida de del Señor y sus señales precursoras (2; 1-12).

Exhortación a la perseverancia (2; 13-17 y 3; 1-5) y al orden (3; 6-15).

Ruego y despedida (3; 16-18).

CARTAS PASTORALES O ECLESIALES DE SAN PABLO

Se llaman así por la insistencia que el apóstol pone en las responsabilidades personales y en las funciones públicas que debe tener todo "ministro de Jesucristo", dedicado a "guardar, guiar y alimentar las ovejas" de las iglesias locales.

Las cartas pastorales son cuatro: dos a Timoteo, una a Tito y otra a Filemón, discípulos suyos.

CARTAS A TIMOTEO

Este personaje aparece por primera vez en Hechos 16; 1 y ss. Posiblemente fue convertido por san Pablo en su primera misión a la Galacia. El apóstol lo llama "verdadero hijo de la fe" (1 Tm 1; 2) y "amado hijo". Su madre era Judía quien lo educó principalmente y su padre griego (Hecho 16; 3). Conocía las escrituras desde pequeño (1 Tm 3; 14-15). "Los hermanos de Listra e Iconio daban buen testimonio" de su fervoroso apostolado (Hecho 16; 2). Acompañó a san Pablo en varias de sus correrías: en Éfeso se quedó para arreglar asuntos de aquella comunidad y para supervisar su organización y conducta (1 Tm 1; 3 ss.; 1; 14: 4; 6-16). Cuando san Pablo escribe desde Roma, le pide que valla a visitarlo pronto, haciéndose acompañado por Juan Marcos (2 Tm 4; 9). Pablo le tenía a Timoteo una gran confianza; prueba de ello es que le confió la responsabilidad de una Iglesia importante. Como "hombre de Dios" (1 Tm 6-11), fue exhortado a que imitara a su señor, quien "dio testimonio de la buena profesión delante de Poncio Pilato" (6; 13) y que guardara "lo que se te ha encomendado" (6; 20).

PRIMERA CARTA
DEL APOSTOL SAN PABLO A TIMOTEO

Tiene seis capítulos, distribuidos en un saludo, dos aspectos doctrinales y una exhortación final:

Saludo (1; 1-2).

Cuerpo de doctrina:

Responsabilidad de Timoteo:

Peligro de los falsos doctores (1; 3-7).

La función de la verdadera ley (1; 8-11).

La oración litúrgica (2; 1-8).

Compostura de las mujeres (2; 9-15).

Papel del Episcopado, de los diáconos, los fieles, las viudas, los presbíteros. Los esclavos. Los falsos doctores (3; 4, 5, 6,).

Solemne exhortación a Timoteo (6; 11-16).

Saludo final.

SEGUNDA CARTA
DEL APOSTOL SAN PABLO A TIMOTEO

Está compuesta por cuatro capítulos, así:

Saludo, acción de gracias y favores recibidos de Timoteo (1).

Cuerpo de doctrina:

Sentido de los sufrimientos del apóstol cristiano (2; 1-13).

Lucha contra el peligro de los falsos doctores (2; 14-26).

Prevención contra los peligros de los últimos tiempos (3).

Últimas recomendaciones y saludo final (4).

CARTA DEL APOSTOL SAN PABLO A TITO

Tito, Lo mismo que Timoteo, conoció a Cristo gracias a la predicación de Pablo. Para él tiene también el apóstol elogios elocuentes, como "verdadero hijo en la común fe" (Tt 1; 4). Era de origen griego, nacido posiblemente en Antioquia de Siria. Acompaño a Pablo y Bernabé en Jerusalén (Ga 2; 13). Es curioso que no aparezca el nombre de tito en Hechos, al menos directamente. Sin embargo consta que acompaño a Pablo en algunas de sus carreras y se ganó la confianza del apóstol, hasta el punto de que, cuando surgían situaciones difíciles en las comunidades, Pablo les enviaba a Tito como "diplomático mediador". Así sucedió por ejemplo en Corinto (2 Co 7; 6-10 ss.). En Jerusalén y en la isla de Creta (Tt 1; 5).

La carta tiene apenas tres capítulos cortos:

Saludo (1; 1-4).

Aspecto doctrinal:

Institución de los presbíteros (1, 5-9).

Contra los falsos doctores (1; 10-16).

Deberes propios de algunos fieles (2).

Deberes generales de los fieles (3).

Consejo y saludo final (3; 8-15)

CARTA DEL A POSTOL SAN PABLO A FILEMÓN

Filemón era discípulo de san Pablo y según parece, le escribió esta carta al mismo tiempo que a los colosenses, los cuales se reunían en su casa. Es una carta simpática, que nos demuestra las relaciones personales entre dos apóstoles cristianos.

Esta epístola es tan breve que solo tiene 25 versículos, resumidos así:

Un saludo con acción de gracias y ruego.

Intercesión en favor de Onésimo para que sea bien recibido.

Recomendaciones y saludo final.

CARTA A LOS HEBREOS

¿Quién es el autor de esta carta? Desde muy antiguo se viene tratando de dilucidar sobre su paternidad. Tradicionalmente se había atribuido a san Pablo. Hoy, los exegetas son del parecer que no es el autor, sino más bien algunos de los discípulos o compañeros de predicación, como Bernabé o Silas, Apolo o Clemente Romano. Sea quien sea, el mensaje doctrinal está dentro de la línea del pensamiento paulino y esta fue sin duda la causa para que a él se le atribuyese.

Contenido doctrinal: el punto principal de esta carta es presentar a Cristo como sacerdote sumo y eterno, y a la vez como redentor, tema que el autor lo trata de una forma incomparable: 1; 3. 2; 17. 4; 14-16. 7; 25. 10; 11-13 y 13; 8. Para esto se sirve especialmente de variados y ajustados textos del AT.

Habla también la carta del culto cristiano, como superior al judío, con el fin de convencer a algunos judeo-cristianos que añoraban lo que en otro tiempo habían practicado.

En su aspecto moral aparecen hermosas advertencias sobre el peligro de la negligencia, incredulidad, inmadurez y apostasía.

Los 13 capítulos se pueden distribuir en dos partes:

La superioridad de Cristo:

Por encima de los profetas; 1; 1-3.

Por encima de los Ángeles: 4; 4-14: 2; 5-18.

Por encima de Moisés, Josué, de Aarón y del sacerdocio Levítico, así como el antiguo pacto: 3; 1-6. 4; 2-10. 4; 14. 7; 1-28 y 8; 1-13.

La superioridad de la fe: 10 ss.

CARTAS CATÓLICAS O UNIVERSALES

Se llaman así porque no fueron dirigidas a una comunidad especial como las de san Pablo, sino a toda la cristiandad. Son siete en total.

CARTA DE SANTIAGO

Esta carta comienza con el encabezamiento de "Santiago siervo de Dios y del Señor Jesucristo". ¿Quién es este Santiago? Porque en el NT aparecen varios con este nombre.

Aparecen en primer lugar Santiago, hijo de Zebedeo, hermano de Juan y discípulo de Jesús (Mt 10; 2), a quien Herodes Agripa le hizo decapitar hacia el año 44 (Hecho 12; 1-2).

Aparece luego Santiago, hijo de Alfeo Mt 10;3), igualmente discípulo de Jesús, quien no vuelve a aparecer más en el Nuevo Testamento.

Aparece también Santiago, hermano de Judas (no el Iscariote) en Lucas 6; 16.

Y aparece finalmente Santiago, posiblemente el autor de esta carta, a quien Pablo lo llama "Santiago, el hermano del Señor" (Ga 1; 19). A él se refiere también Mateo 13; 55 y Juan 7; 5 lo retrata como incrédulo durante el ministerio de Cristo, postura que muy pronto rechaza. Así en hechos 1; 14 se le ve como creyente, lo mismo que 1 Cor 15; 7 a la salida de Pedro de Jerusalén, parece que este Santiago el que asume el liderazgo de la comunidad de aquel lugar. Figura por última vez en Hechos 21; 18. La tradición lo señala como martirizado en Jerusalén hacia el año 60.

Contenido doctrinal:

El primer tema que aborda esta carta es de la Fe, para afirmar que "la fe sin obras es cosa muerta", y que también por consiguiente no justifica ni salva (2; 14-26).

Se refiere también insistentemente a los pecados de la lengua (3).

Fustiga a los malos ricos. (4; 13).

Habla del sacramento de la unción de los enfermos (5; 13).

Y finalmente se refiere a los temas más importantes como los negocios, el respeto a las personas, los desacuerdos entre hermanos, relaciones entre patrones y obreros, etc. Por todo eso es uno de los libros más prácticos del Nuevo Testamento.

Esta carta tiene cinco capítulos. Distribuidos así:

Saludos.

Cuerpo de doctrina.

Exhortaciones finales.

PRIMERA Y SEGUNDA CARTA DE SAN PEDRO

Usando una frase conocida podríamos decir que san Pedro no necesita presentación. ¿Quién no lo conoce? Sin embargo es bueno recoger algunos datos de los que nos ofrecen las Sagradas Escrituras sobre su figura y su obra.

Pedro era pescador de Betsaida, junto al mar de Galilea, en Israel septentrional (Jn 1; 44). Era hermano de Andrés. Estaba pescando en compañía de su padre, cuando paso Jesús y los invito a los dos para convertirlos en pescadores de hombres (Mc 1; 16-18 y Lc 5; 1-11).

Junto con Santiago y Juan acompaño a Jesús en varios sucesos importantes, como la resurrección de la hija de Jairo (Lc 8; 54), la transfiguración (Lc 9; 28) y en Getsemaní, la víspera de la crucificacion (Mt 26; 37). Negó a Cristo tres veces, pero lloró su pecado ante la mirada recriminatoria de Cristo. El Señor lo constituyó en "piedra de la Iglesia" (Mt 16; 17), y lo confirmo después de resucitado como pastor de sus hermanos (Jn 21; 15 y ss.).

Dos cartas se atribuyen al apóstol Pedro.

Contenido y destinatarios:

Primera carta.

Está dirigida a los cristianos de las distintas iglesias de Asia Menor, tal vez durante la ausencia de Pablo.

Los exhorta a una vida de santidad para que sean "piedras vivas" de la casa espiritual, cuya piedra angular es Cristo. Los llama "linaje escogido, nación santa, pueblo de Dios, sacerdocio real", etc. (1P 2; 4).

Tiene cinco capítulos.

Segunda carta:

En esta carta, Pedro previene a los cristianos contra los falsos profetas y doctores que niegan a Cristo. Además, les dice que deben esperar con una vida santa la venida del Señor.

Tiene tres capítulos.

I, II Y III CARTA DEL APOSTOL SAN JUAN

San Juan, el autor del cuarto evangelio, es también el que escribió estas tres cartas. Tanto en el estilo como en la doctrina, tienen hondo parecido con su evangelio, por tal motivo el tema es también aquí íntimo, delicado y tierno.

Contenido doctrinal y destinatarios:

Primera carta.

Destinada a las comunidades de Asia, su doctrina se puede concentrar en esta idea: Dios es luz, santidad, amor. Para participar en la vida de Cristo debemos caminar en la luz, evitar todo pecado y amar intensamente a nuestros hermanos.

Está distribuida esta carta en cinco partes:

Introducción: el Verbo encarnado, medio de comunicación con el padre y el hijo: 1; 4.

Caminar en la luz: 1; 5-2.

Vivir como hijos de Dios 3; 4-6.

En las fuentes de la caridad y la fe: 4 y 5.

Adicciones.

Segunda carta:

Está destinada a una iglesia de Asia Menor y es un resumen de la primera.

Habla del precepto de la caridad y de los anticristos.

es muy corta: solo tiene 13 versículos.

Tercera carta

Está dirigida a Cayo, amigo suyo.

Le alaba la vida cristiana que lleva y le ruega que acoja a los predicadores del evangelio.

Es también muy corta y tiene 15 versículos.

CARTA DE SAN JUDAS

Judas, "hermano de Santiago", escribió esta carta a las iglesias de Palestina, Siria y Mesopotamia. Aparece como creyente en Hechos 1; 14 y escribe "como siervo de Jesucristo"

Contenido:

Esta carta encierra una fuerte diatriba contra los falsos doctores que corrompen la integridad de la fe. Los seguidores de Cristo tienen que estar prevenidos y conservar firmemente la fe, en la que está la verdadera vida, para que dé frutos de santidad.

Distribución:

Los 25 versículos que tiene, se podrían dividirse así:

Saludo y motivo de la carta.

Los falsos doctores, castigo que le amenaza. Sus blasfemias y perversidad.

Exhortación a los fieles y deberes de la caridad.

Doxología.

APOCALIPSIS

Apocalipsis significa "descubrimiento", "destapamiento", "revelación" de algo que parece oculto.

Este libro se atribuye a san Juan evangelista, quien habría escrito esta obra en el destierro de la isla de Patmos, en el mar Egeo, bajo el imperio de Domiciano (Ap. 1,9).

Es el último libro del Nuevo Testamento y consecuentemente también de la Biblia.

Contenido:

Este libro fue escrito para animar a los cristianos que sufrían persecución. Efectivamente, en aquellos tiempos, la iglesia estaba siendo perseguida y los cristianos se veían envueltos en muchas tribulaciones. A esta anomalía se refiere Juan en su escrito, envolviéndola en alegorías y símbolos muy difíciles de entender.

Los interpretes ven aquí "una visión teológica del sentido de la iglesia desde el principio hasta el fin de los tiempos". Su lenguaje se asemeja al de los profetas que anunciaban el "día de Yahvé", y como ellos, vaticina especialmente tres cosas:

Persecución y grandes calamidades.

La derrota de los adversarios.

El advenimiento de una era de paz y de felicidad para los seguidores de Dios, quienes formaran "un cielo nuevo y una tierra nueva".

Con el advenimiento del reino de Dios junto con el Señor "rey de reyes y señor de señores" (19; 16) como príncipe soberano de la creación, todas las cosas se someterán a su voluntad (11; 1-5).

Contenido:

Se puede distribuir los 22 capítulos de este libro en cuatro partes conforme a las 44 visiones que el autor tubo:

Primera visión: Cristo y las siete Iglesias: 1; 9 y 3; 22.

Segunda visión: Cristo y los juicios de la tierra.

_El trono en el cielo y el cordero: 4; 5,14.

_Apertura de los siete sellos: 6; 8.

_Toque de las siete trompetas: 8; 6, 11 y 19.

_Las bestias y la guerra: 12; 14, 20.

_Derramamiento de las siete copas: 15; 16-21.

Tercera Visión:

Caída de Babilonia la grande: 17, 18; 24.

Aparición de Cristo: 19; 11-16.

Derrota de la bestia: 19; 17.

Atadura de Satanás: 20; 1-3.

El milenio: 20; 4-6.

El cielo nuevo y la tierra nueva: 21; 9 y 22; 5.

Cuarta visión: Cristo y su esposa: 21; 1-8.

Exhortaciones finales y bendición.

Al final de este recorrido, he querido de una manera sintetizada que conocieras los libros de la Sagrada Escritura. Principalmente para que al proclamarlos tuvieras una idea no vaga de lo que estás diciendo. En primer lugar de manera personal, como Dios habla a tu corazón por medio de su Palabra, después también pudieras comprender e interiorizar la liturgia de la Palabra y nuestras Eucaristías.

Así mismo podemos repetir las palabras que el Apóstol san Pablo escribe a los romanos:

"Todo lo que fue escrito en el pasado, se escribió para enseñanza nuestra de modo que, por la perseverancia y el consuelo de las Escrituras, mantengamos la esperanza" (Rm 15; 4).

LA INTERPRETACIÓN DE LA BIBLIA EN LA IGLESIA

(Pontificia comisión bíblica)

El Cardenal J. Ratzinger el viernes 23 de Abril 1993 presento al Santo Padre Juan Pablo II, el documento de la Comisión Bíblica sobre la interpretación de la Biblia en la Iglesia.

PROBLEMÁTICA ACTUAL

El problema de la interpretación de la Biblia no es una invención moderna, como a veces se quería hacer creer. La Biblia misma testimonia que su interpretación presenta dificultades. Al lado de textos límpidos, tiene también pasajes oscuros. Leyendo algunos oráculos de Jeremías, Daniel se interrogaba largamente sobre el sentido (Dan 9,2). Según los Hechos de los Apóstoles, un etíope del primer siglo se encontraba en la misma situación a propósito de un pasaje del libro de Isaías (Is 53,7-8) y reconocía la necesidad de un intérprete (Hecho 8,30-35). La segunda carta de Pedro declara que "ninguna profecía de la Escritura puede ser interpretada por cuenta propia" (2Pe 1,20), y observa, por otra parte, que las cartas del Apóstol Pablo contienen "algunos puntos difíciles de comprender, que los que carecen de instrucción y firmeza interpretan, como hacen con el resto de las escrituras, acarreándose así su propia perdición" (2Pe 3,16).

El problema de interpretación es pues antiguo, pero se ha acentuado con el paso del tiempo: por lo pronto, para llegar hasta los hechos y las palabras de los cuales habla la Biblia, los lectores deben de volver atrás veinte o treinta siglos, lo que no deja de suscitar dificultades.

MÉTODOS Y ACERCAMIENTOS PARA LA INTERPRETACIÓN

A continuación exponemos de una manera literal y breve algunas partes de este documento. La razón es que los lectores deben saber o por lo menos tener ciertos acercamientos sobre lo que nos enseña la Iglesia.

RETÓRICA

La retórica es el arte de componer un discurso persuasivo, puesto que todos los textos persuasivos, un cierto conocimiento de la retórica forma parte del instrumentario normal del exégeta. El análisis retórico debe ser conducido de modo crítico, ya que la exégesis científica es una tarea que se somete necesariamente a las exigencias del espíritu crítico.

Muchos estudios bíblicos recientes han acordado una gran atención a la presencia de la retórica en la escritura, se puede distinguir tres acercamientos diferentes: el primero se apoya sobre la "retórica clásica" greco latina; el segundo se preocupa de los procedimientos semíticos de composición; el tercero se inspira en las investigaciones modernas llamadas "nueva retórica".

Toda situación de discurso comporta la presencia de tres elementos: el orador (o autor), el discurso (o el texto), y el auditorio (o destinatario). La retórica clásica distingue en consecuencia, tres factores de persuasión que contribuyen a la cualidad de un discurso: la Autoridad del orador, la argumentación del discurso y las emociones que suscita en el auditorio. La diversidad de situaciones y de auditorios influye grandemente el modo de hablar. La retórica clásica, desde Aristóteles, admite la distinción de tres géneros de elocuencia: el género Judicial (delante de los tribunales) el deliberativo (en asambleas políticas), y demostrativo (en las celebraciones).

Aplicada a la Biblia, la Retórica quiere penetrar en el corazón del lenguaje de la revelación en cuanto al lenguaje religioso persuasivo y medir su impacto en el contexto social de la comunicación.

Porque aportan un enriquecimiento al estudio critico de los textos, los análisis retóricos que merecen mucha estima, sobre todo sus recientes profundizaciones. Ellos reparan una negligencia que ha durado largo tiempo, y permiten descubrir o ponen más en claro perspectivas originales.

La "nueva Retórica" tiene razón de llamar la atención sobre la capacidad persuasiva y convincente del lenguaje. La Biblia no es simplemente un enunciado de verdades. Es un mensaje dotado de una función de comunicación en un cierto contexto, un mensaje que comporta un dinamismo de argumentación y una estrategia retórica. (P 37).

NARRACIÓN

La exégesis narrativa propone un método de la comprensión y de comunicación del mensaje bíblico que corresponde a las formas de relato y de testimonio, modalidades fundamentales de la comunicación entre personas humanas, características también de la Sagrada Escritura. El Antiguo Testamento, en efecto, presenta una historia de Salvación cuyo relato eficaz se convierte en sustancia de la profesión de fe, de la Liturgia y de la catequesis (Cfr. Sal 78,3-4; Ex 12,24-27; Dt 6,20-25; 26,5-11). Por su parte, la proclamación del kerigma cristiano comprende la secuencia narrativa de la vida, de la muerte y la resurrección de Jesucristo, acontecimientos de los cuales los evangelios nos ofrecen el relato detallado. Catequesis se presenta también bajo forma narrativa (Cfr. 1 Cor 11,23-25).

La narración subraya que el texto funciona igualmente como un "espejo", en el sentido de presentar una cierta imagen del mundo -el mundo del relato" qué ejerce su influjo sobre los modos de ver del lector y lo lleva a adoptar ciertos valores más bien que otros.

A este género de estudio típicamente literario, se asocia la reflexión Teológica, que considera las consecuencias que comporta, para la adhesión a la fe, la naturaleza del relato -y por tanto el testimonio de la Sagrada Escritura, y deduce de allí una hermenéutica práctica pastoral.

Los modos de comunicación y de significación propios del relato bíblico, a fin de abrir el camino a su eficacia para la salvación, se insiste sobre la necesidad de "narrar la Salvación" (aspecto "informativo" del relato), y de "narrar en vista de la salvación" (aspecto "per formativo"). El relato bíblico, en efecto, contiene explícita o implícitamente, según los casos, una llamada existencial dirigida al lector. (IBI 1, 2,)

EXHORTACIÓN APOSTÓLICA POSTSINODAL *VERBUM DOMINI* DEL SANTO PADRE BENEDICTO XVI AL EPISCOPADO, AL CLERO, A LAS PERSONAS CONSAGRADAS Y A LOS FIELES LAICOS SOBRE LA PALABRA DE DIOS EN LA VIDA Y EN LA MISIÓN DE LA IGLESIA

(Martes 16 de noviembre de 2010)

Expongo ante ustedes estas reflexiones de esta exhortación Apostólica *"Verbun Domini"*. Que precisamente va de acuerdo al tema de la Sagrada Escritura, que estamos viendo. Fundamentalmente creo que es necesario saber cuál es el sentir moderno de la iglesia sobre este tratado.

INTRODUCCIÓN

1. La palabra del Señor permanece para siempre. Y esa palabra es el Evangelio que os anunciamos» (1 P 1,25: cf. Is 40,8). Esta frase de la Primera carta de san Pedro, que retoma las palabras del profeta Isaías, nos pone frente al misterio de Dios que se comunica a sí mismo mediante el don de su palabra. Esta palabra, que permanece para siempre, ha entrado en el tiempo. Dios ha pronunciado su palabra eterna de un modo humano; su Verbo «se hizo carne» (Jn1, 14). Ésta es la buena noticia. Éste es el anuncio que, a través de los siglos, llega hasta nosotros.

La XII Asamblea General Ordinaria del Sínodo de los Obispos, que se celebró en el Vaticano del 5 al 26 de octubre de 2008, tuvo como tema La Palabra de Dios en la vida y en la misión de la Iglesia. Fue una experiencia profunda de encuentro con Cristo, Verbo del Padre, que está presente donde dos o tres están reunidos en su nombre (cf. Mt 18,20). Con esta Exhortación, cumplo con agrado la petición de los Padres de dar a conocer a todo el Pueblo de Dios la riqueza surgida en la reunión vaticana y las indicaciones propuestas, como fruto del trabajo en común.[1] En esta perspectiva, pretendo retomar todo lo que el Sínodo ha elaborado, teniendo en cuenta los documentos presentados: los *Lineamento*, el *Instrumentum laboris*, las Relaciones ante y post disceptationem y los textos de las intervenciones, tanto leídas en el aula como las presentadas *in scriptis*, las relaciones de los círculos menores y sus debates, el Mensaje final al Pueblo de Dios y, sobre todo, algunas propuestas específicas (*Propositiones*), que los Padres han considerado de particular relieve. En este sentido, deseo indicar algunas líneas fundamentales para revalorizar la Palabra divina en la vida de la Iglesia, fuente de constante renovación, deseando al mismo tiempo que ella sea cada vez más el corazón de toda actividad eclesial.

PARA QUE NUESTRA ALEGRÍA SEA PERFECTA

2. En primer lugar, quisiera recordar la belleza y el encanto del renovado encuentro con el Señor Jesús experimentado durante la Asamblea sinodal. Por eso, haciéndome eco de la voz de los Padres, me dirijo a todos los fieles con las palabras de san Juan en su primera carta: «*Os anunciamos la vida eterna que estaba con el Padre y se nos manifestó. Eso que hemos visto y oído os lo anunciamos para que estéis unidos con nosotros en esa unión que tenemos con el Padre y con su Hijo Jesucristo*» (1 Jn 1,2-3). El Apóstol habla de oír, ver, tocar y contemplar (cf. 1,1) al Verbo de la Vida, porque la vida misma se manifestó en Cristo. Y nosotros, llamados a la comunión con Dios y entre nosotros, debemos ser anunciadores de este don. En esta perspectiva kerigmática, la Asamblea sinodal ha sido para la Iglesia y el mundo un testimonio de la belleza del encuentro con la Palabra de Dios en la comunión eclesial. Por tanto, exhorto a todos los fieles a reavivar el encuentro personal y comunitario con Cristo, Verbo de la Vida que se ha hecho visible, y a ser sus anunciadores para que el don de la vida divina, la comunión, se extienda cada vez más por todo el mundo. En efecto, participar en la vida de Dios, Trinidad de Amor, es alegría completa (cf. 1 Jn 1,4). Y comunicar la alegría que se produce en el encuentro con la Persona de Cristo, Palabra de Dios presente en medio de nosotros, es un don y una tarea imprescindible para la Iglesia. En un mundo que considera con frecuencia a Dios como algo superfluo o extraño, confesamos con Pedro que sólo Él tiene «palabras de vida eterna» (Jn 6,68). No hay prioridad más grande que esta: abrir de nuevo al hombre de hoy el acceso a Dios, al Dios que habla y nos comunica su amor para que tengamos vida abundante (cf. Jn 10,10).

EL PRÓLOGO DEL EVANGELIO DE JUAN COMO GUÍA

5. Con esta Exhortación apostólica postsinodal, deseo que los resultados del Sínodo influyan eficazmente en la vida de la Iglesia, en la relación personal con las Sagradas Escrituras, en su interpretación en la liturgia y en la catequesis, así como en la investigación científica, para que la Biblia no quede como una Palabra del pasado, sino como algo vivo y actual. A este propósito, me propongo presentar y profundizar los resultados del Sínodo en referencia constante al Prólogo del Evangelio de Juan (Jn1, 1-18), en el que se nos anuncia el fundamento de nuestra vida: el Verbo, que desde el principio está junto a Dios, se hizo carne y habitó entre nosotros (cf. Jn 1,14). Se trata de un texto admirable, que nos ofrece una síntesis de toda la fe cristiana. Juan, a quien la tradición señala como el «discípulo al que Jesús amaba» (Jn 13,23; 20,2; 21,7.20), sacó de su experiencia personal de encuentro y seguimiento de Cristo, una certeza interior: Jesús es la Sabiduría de Dios encarnada, su Palabra eterna que se ha hecho hombre mortal.[13] Que aquel que «vio y creyó» (Jn20,8) nos ayude también a nosotros a reclinar nuestra cabeza sobre el pecho de Cristo (cf. Jn 13,25), del que brotaron sangre y agua (cf. Jn 19,34), símbolo de los sacramentos de la Iglesia. Siguiendo el ejemplo del apóstol Juan y de otros autores inspirados, dejémonos guiar por el Espíritu Santo para amar cada vez más la Palabra de Dios.

EVERBUM DEI - PRIMERA PARTE

«En el principio ya existía la Palabra, y la Palabra estaba junto a Dios, y la Palabra era Dios...y la Palabra se hizo carne» (Jn 1,1.14)

6. La novedad de la revelación bíblica consiste en que Dios se da a conocer en el diálogo que desea tener con nosotros.[14] La Constitución dogmática *Dei Verbum* había expresado esta realidad reconociendo que «Dios invisible, movido de amor, habla a los hombres como amigos, trata con ellos para invitarlos y recibirlos en su compañía». [15] Sin embargo, para comprender en su profundidad el mensaje del Prólogo de san Juan no podemos quedarnos en la constatación de que Dios se nos comunica amorosamente. En realidad, el Verbo de Dios, por quien «se hizo todo» (Jn1, 3) y que se «hizo carne» (Jn1, 14), es el

mismo que existía «*in principio*» (Jn1, 1). Aunque se puede advertir aquí una alusión al comienzo del libro del Génesis (cf. Gn 1,1), en realidad nos encontramos ante un principio de carácter absoluto en el que se nos narra la vida íntima de Dios. El Prólogo de Juan nos sitúa ante el hecho de que el Logos existe realmente desde siempre y que, desde siempre, él mismo es Dios. Así pues, no ha habido nunca en Dios un tiempo en el que no existiera el Logos. El Verbo ya existía antes de la creación. Por tanto, en el corazón de la vida divina está la comunión, el don absoluto. «Dios es amor» (1 Jn 4,16), dice el mismo Apóstol en otro lugar, indicando «la imagen cristiana de Dios y también la consiguiente imagen del hombre y de su camino». [16] Dios se nos da a conocer como misterio de amor infinito en el que el Padre expresa desde la eternidad su Palabra en el Espíritu Santo. Por eso, el Verbo, que desde el principio está junto a Dios y es Dios, nos revela al mismo Dios en el diálogo de amor de las Personas divinas y nos invita a participar en él. Así pues, creados a imagen y semejanza de Dios amor, sólo podemos comprendernos a nosotros mismos en la acogida del Verbo y en la docilidad a la obra del Espíritu Santo. El enigma de la condición humana se esclarece definitivamente a la luz de la revelación realizada por el Verbo divino.

DIOS ESCUCHA AL HOMBRE Y RESPONDE A SUS INTERROGANTES

23. En este diálogo con Dios nos comprendemos a nosotros mismos y encontramos respuesta a las cuestiones más profundas que anidan en nuestro corazón. La Palabra de Dios, en efecto, no se contrapone al hombre, ni acalla sus deseos auténticos, sino que más bien los ilumina, purificándolos y perfeccionándolos. Qué importante es descubrir en la actualidad que sólo Dios responde a la sed que hay en el corazón de todo ser humano. En nuestra época se ha difundido lamentablemente, sobre todo en Occidente, la idea de que Dios es extraño a la vida y a los problemas del hombre y, más aún, de que su presencia puede ser incluso una amenaza para su autonomía. En realidad, toda la economía de la salvación nos muestra que Dios habla e interviene en la historia en favor del hombre y de su salvación integral. Por tanto, es decisivo desde el punto de vista pastoral mostrar la capacidad que tiene la Palabra de Dios para dialogar con los problemas que el hombre ha de afrontar

en la vida cotidiana. Jesús se presenta precisamente como "Aquel que ha venido para que tengamos vida en abundancia" (cf. Jn 10,10). Por eso, debemos hacer cualquier esfuerzo para mostrar la Palabra de Dios como una apertura a los propios problemas, una respuesta a nuestros interrogantes, un ensanchamiento de los propios valores y, a la vez, como una satisfacción de las propias aspiraciones. La pastoral de la Iglesia debe saber mostrar que Dios escucha la necesidad del hombre y su clamor. Dice san Buenaventura en el Breviloquium: «El fruto de la Sagrada Escritura no es uno cualquiera, sino la plenitud de la felicidad eterna. En efecto, la Sagrada Escritura es precisamente el libro en el que están escritas palabras de vida eterna para que no sólo creamos, sino que poseamos también la vida eterna, en la que veremos, amaremos y serán colmados todos nuestros deseos».[72]

DIALOGAR CON DIOS MEDIANTE SUS PALABRAS

24. La Palabra divina nos introduce a cada uno en el coloquio con el Señor: el Dios que habla nos enseña cómo podemos hablar con Él. Pensamos espontáneamente en el Libro de los Salmos, donde se nos ofrecen las palabras con que podemos dirigirnos a él, presentarle nuestra vida en coloquio ante él y transformar así la vida misma en un movimiento hacia él. [73] En los Salmos, en efecto, encontramos toda la articulada gama de sentimientos que el hombre experimenta en su propia existencia y que son presentados con sabiduría ante Dios; aquí se encuentran expresiones de gozo y dolor, angustia y esperanza, temor y ansiedad. Además de los Salmos, hay también muchos otros textos de la Sagrada Escritura que hablan del hombre que se dirige a Dios mediante la oración de intercesión (cf. Ex 33,12-16), del canto de júbilo por la victoria (cf. Ex 15), o de lamento en el cumplimiento de la propia misión (cf. Jr 20,7-18). Así, la palabra que el hombre dirige a Dios se hace también Palabra de Dios, confirmando el carácter dialogal de toda la revelación cristiana,[74] y toda la existencia del hombre se convierte en un diálogo con Dios que habla y escucha, que llama y mueve nuestra vida. La Palabra de Dios revela aquí que toda la existencia del hombre está bajo la llamada divina. [75]

LA PALABRA DE DIOS Y EL ESPÍRITU SANTO

15. Después de habernos extendido sobre la Palabra última y definitiva de Dios al mundo, es necesario referirse ahora a la misión del Espíritu Santo en relación con la Palabra divina. En efecto, no se comprende auténticamente la revelación cristiana sin tener en cuenta la acción del Paráclito. Esto tiene que ver con el hecho de que la comunicación que Dios hace de sí mismo implica siempre la relación entre el Hijo y el Espíritu Santo, a quienes Ireneo de Lyon llama precisamente «las dos manos del Padre».[47] Por lo demás, la Sagrada Escritura es la que nos indica la presencia del Espíritu Santo en la historia de la salvación y, en particular, en la vida de Jesús, a quien la Virgen María concibió por obra del Espíritu Santo (cf. Mt 1,18; Lc1,35); al comienzo de su misión pública, en la orilla del Jordán, lo ve que desciende sobre sí en forma de paloma (cf. Mt 3,16); Jesús actúa, habla y exulta en este mismo Espíritu (cf. Lc10,21); y se ofrece a sí mismo en el Espíritu (cf. Hb 9,14). Cuando estaba terminando su misión, según el relato del Evangelista Juan, Jesús mismo pone en clara relación el don de su vida con el envío del Espíritu a los suyos (cf. Jn 16,7). Después, Jesús resucitado, llevando en su carne los signos de la pasión, infundió el Espíritu (cf. Jn 20,22), haciendo a los suyos partícipes de su propia misión (cf. Jn 20,21). El Espíritu Santo enseñará a los discípulos y les recordará todo lo que Cristo ha dicho (cf. Jn 14,26), puesto que será Él, el Espíritu de la Verdad (cf. Jn 15,26), quien llevará los discípulos a la Verdad entera (cf. Jn 16,13). Por último, como se lee en los Hechos de los Apóstoles, el Espíritu desciende sobre los Doce, reunidos en oración con María el día de Pentecostés (cf. 2,1-4), y les anima a la misión de anunciar a todos los pueblos la Buena Nueva. [48]

BREVE HISTORIA DE ISRAEL

Antiguo Testamento.

1850. Abraham, patriarca bíblico y tronco del pueblo Judío, emigra de Ur de Caldea (Mesopotamia) a la tierra de Canaán (Israel). Sus descendientes (tribus semitas) viven en Canaán como pastores nómadas. Con este acontecimiento legendario comienzan los tiempos bíblicos.

1700. José, hijo del patriarca Jacob, es vendido como esclavo en Egipto y llega a ser el primer ministro del País. Llama a su familia a su lado. Iniciándose así el establecimiento de los israelitas en Egipto, quienes con el tiempo serán esclavizados.

1290. Moisés guía a los israelitas fuera de Egipto. Durante cuarenta años de peregrinar por el desierto reciben los diez mandamientos y establecen una legislación cultual y jurídica fundamental.

1250. Conquista o establecimiento de Canaán por Josué, quien luego de la muerte de Moisés, guía a las diversas tribus israelitas a la tierra prometida.

1225. Las tribus, sin cohesión unitaria, son gobernadas por jueces y sostienen frecuentes guerras. Es la época de transición del seminomadismo del desierto a las condiciones del pueblo sedentario. Es una época de anarquía y de inestabilidad política en la cual los hebreos son tentados fuertemente por los cultos idolátricos de los cananeos, especialmente los ritos orgiásticos dedicados al dios Baal.

1020. El vínculo que estrechaba a las tribus israelitas era puramente religioso: la misma fe en Yahvé, en torno del mismo Santuario de Silo, en donde se encontraba el Arca de la Alianza. Al mando de Saúl, las tribus hebreas establecen una monarquía en su intento de resistir la expansión de los filisteos.

1004. Saúl es muerto en combate por los filisteos; los grupos de tribus del norte y sur se separan.

998. David es coronado rey de las dos mitades del reino, después de la prolongada guerra civil. Los filisteos son derrotados y Jerusalén se convierte en la capital del reino, el cual se expande considerablemente.

965. Reinado de Salomón, sucesor de David, quien construye el templo de Jerusalén

926. Salomón es sucedido por su hijo Roboan, pero las tribus del norte se separan del reino unido. Ocurre un cisma político y religioso. El reino del norte toma el nombre de Israel con su capital Samaria, y el sur adopta el de Judá con capital de Jerusalén.

734. Israel guerrea contra Judá, que rehusó unírsele en una coalición contra asiria.

732. Asiria derrota a Israel, y lo somete al vasallaje.

721. El régimen asirio es desafiado y esto provoca que el rey Sargón II haga la deportación de una masa de la población de Israel a Nínive y otras partes del medio oriente. Esta es la base histórica del mito de las "Diez tribus perdidas de Israel".

598. Nabucodonosor, rey de los babilonios, captura Jerusalén.

586. Para sofocar una revuelta, Nabucodonosor destruye a Jerusalén y su templo, deporta a la mayoría de la población de Judá a Babilonia.

538. Ciro, rey de los Pesas, conquista Babilonia y permite a los Judíos volver a Jerusalén y reconstruir el templo.

520-516. Es erigido el segundo Templo.

333. Alejandro Magno conquista el medio oriente. A su muerte Judá cae bajo el dominio del reino greco-egipcio de los "Ptolomeo".

198. Judá es dominada por el reino greco-sirio de los "Seleucidas".

168. El rey Antíoco Epifanes convierte el templo de Jerusalén en un santuario pagano y restringe fuertemente las prácticas de la religión judía.

167-164. Una revuelta contra Antíoco, dirigida por Judas Macabeo, libera a Jerusalén, el templo es purificado y reabierto.

163. Los Judíos son gobernados valientemente por la familia de los Macabeos, también llamados Hasmoneos, descendiente de Judas Macabeo.

63. Judá es dominada por Roma.

40. Herodes el grande, apoyado por Roma, es declarado "Rey de los Judíos". El hace la reconstrucción del Templo.

Nuevo Testamento (a. C.)

6. Conclusión del censo ordenado por el Emperador Augusto. Nacimiento de Cristo.

4. Herodes Antipas sucede a Herodes el grande como rey de Judea.

Nuevo Testamento (d. C).

27-37. Gestión del procurador romano Poncio Pilato.

27. Comienza la predicación de Juan el Bautista.

29. Muerte de Juan el Bautista.

30. Crucifixión y resurrección de Cristo.

36. Esteban, primer mártir cristiano.

41. Herodes Agripa I sucede a Herodes Antipas.

44. Muerte del Apóstol Santiago y encarcelamiento de Pedro.

47. Comienzo de viajes misionales de san Pablo.

49. El concilio de Jerusalén libera de la observancia de la ley a los cristianos a otra zona distinta a la judía.

51-67. Redacción de las cartas de San Pablo.

54. Gobierna Herodes Agripa II.

55. Redacción del Evangelio de San Marcos.

64. Muerte de San Pedro.

66-70. Rebelión Judía contra los romanos.

67. Muerte de san Pablo.

70. Toma y destrucción de Jerusalén por el emperador Tito.

73. Caída de Masada último reducto de los judíos sublevados.

75. Redacción del Evangelio de San Lucas.

80. Redacción del Evangelio de San Mateo.

90. Redacción del Apocalipsis.

95. Redacción del evangelio de San Juan.

132. Simón Bar-Kojba encabeza una revuelta Judía de grandes proporciones Contra los romanos.

135. La revuelta es aplastada y los judíos son expulsados de Jerusalén. Con esto comienza la Diáspora, es decir, la dispensación de los Judíos por todo el mundo.

GLOSARIO

ACCIÓN CATÓLICA: Pío X dispuso una reorganización del movimiento católico italiano en su encíclica *Il firmo proposito* (11 de junio de 1905), en la cual se establecían las bases de la constitución de la Acción Católica como actividad organizada de los laicos católicos en orden a «unificar sus fuerzas para situar de nuevo a Jesucristo en la familia, en la escuela en la sociedad». En la concepción de Pío X sin embargo no existía apenas margen para una actividad autónoma de los Laicos en el campo propiamente secular, quienes de este modo se convertían en meros ejecutores bajo el control de los obispos, estrechamente sometidos por su parte a las directrices de Roma.

Fue el papa Pío XI quien dio forma definitiva a la Acción Católica y la definió como «participación de los laicos en el apostolado jerárquico», concibiéndola como una fuerza activa que agrupara a los fieles bajo la autoridad episcopal para lograr una recristianización de las costumbres y de la vida pública. La Acción Católica aparecía así como una herramienta fundamental en la tarea de instaurar el reino de Cristo en la sociedad y de combatir la influencia del laicismo.

ALTAR: hebreo <<*Zabah*>> = sacrificar; raíz de *Miszbeath* = Altar, en el Antiguo Testamento fueron usados para adorar a Dios. Moisés edificó dos altares para el tabernáculo. Uno de los altares media cuarenta y cinco centímetros de ancho y un metro de alto (EX 30;2). Se llamaba el altar para el incienso y estaba en un lugar santo del tabernáculo. Dos veces al día el sacerdote quemaba incienso sobre él, su delicioso perfume subía a Dios. En el atrio del tabernáculo rodeado de cortinas estaba el altar de bronce, para ofrecer a Dios sacrificio de animales que la gente traía (casi de diez metros de ancho por 5 de alto). Otros altares se hacían de piedras, madera, metal, ladrillos u otros materiales y eran de diferentes tamaños . Salomón construyo el altar más grande de los usados en los tiempos bíblicos (2Co 4;1).

Después habrá solo un altar legítimo: el del templo de Jerusalén (Sal 26). La consagración del altar, duraba 7 días y era ungido con óleo y rociado con sangre de víctimas.

En el NT con Jesús queda suprimido el altar de piedra, pues él mismo es el altar. Los altares de piedra eran solo signos de este. Por eso el altar es en la Iglesia, la parte principal: representa a Cristo, actualmente tiene la forma de mesa.

San Pablo, porque la Eucaristía es la cena del Señor (1Co 10;21: 11;20) por lo cual el altar es la mesa sobre el cual se celebra la Eucaristía. (OGMR 259-270). Es venerado con el beso del incienso (OGMR 27, 84, 85, 129, 163, 214...)

AMBON: del griego *ambón* y del latín *ambonés*, que significa lo que sobresale, tribuna.

La dignidad de la Palabra de Dios exige que en la Iglesia haya un sitio reservado para su anuncio (OGMR 172). Nótese que no se habla de un mueble sino de un lugar. Es la zona de la Liturgia de la Palabra. <<ya que es Dios quien habla a su pueblo>>. Por lo tanto conviene que haya un ambón estable y, a ser posible, de materiales iguales o semejantes a los del altar, para significar su paralela importancia y su análoga función. Debe además, de estar en buenas condiciones ópticas y acústicas. Los modelos son muy variados, lo principal es que sean funcionales y con estética, pueden ser de madera, metal o cualquier otro tipo de material, la parte superior es un poco inclinada, para poner los libros y leer cómodamente. El lugar de preferencia debe ser elevado.

APOSTOLICAM ACTUOSITATEN: El Concilio Vaticano II, en este decreto se propone explicar la naturaleza, el carácter y la variedad del apostolado seglar, (apostolado Laico) exponer los principios fundamentales y dar las instrucciones pastorales para su mayor eficacia; todo lo cual ha de tenerse como norma en la revisión del derecho canónico, en cuanto se refiere el apostolado seglar.

ANAMNESIS (del griego αναμνησις, *anámnesis* = traer a la memoria) significa ' recolección', 'reminiscencia', 'rememoración'. Este termino se encuentra en Luc 22;19 también en (Cor 11; 24-25) el mandato que dio Jesús *"haced esto en memoria mía"* durante la ultima cena. Obedeciendo esta orden, la Iglesia celebra en la Eucaristía la memoria de Cristo, recordando su bienaventurada pasión, su gloriosa resurrección y su ascensión a los cielos.

También significa traer el pasado al presente y encarar los nuevos problemas y desafíos de hoy con la sabiduría del pasado.

AMNESIA: (del griego Ἀμνησία *amnesia*, olvido) es un trastorno del funcionamiento de la memoria, durante el cual el individuo es incapaz de conservar o recuperar información almacenada con anterioridad.

"Amnesia clínica" es un diagnóstico dado para nombrar un lapsus de la memoria en una situación crucial. El amnésico no es la persona que extravía sus anteojos una vez, si no la que ha olvidado quién es. Ha perdido la conciencia de sus relaciones básicas que le dan identidad.

CATECISMO DE LA IGLESIA CATÓLICA: El Catecismo de la Iglesia católica (en latín *Catechismus Ecclesiae Catholicae*. Viene del Griego que también deriva la palabra Catequesis "*Katechein*") este termino indica una forma elemental y sistemática, pero también un libro o compendio particular de la Fe Cristiana, preparado como instrumento para la catequesis. Además es la exposición de la fe de la Iglesia y de la doctrina católica, atestiguadas o iluminadas por la Sagrada Escritura, la Tradición apostólica y el Magisterio eclesiástico.

CONCILIO ECUMÉNICO VATICANO II. El Concilio Vaticano II fue un concilio ecuménico de la Iglesia católica convocado por el papa Juan XXIII, quien lo anunció el 25 de enero de 1959. Fue uno de los eventos históricos que marcaron el siglo XX.

El Concilio constó de cuatro sesiones: la primera de ellas fue presidida por el mismo papa en el otoño de 1962. Él no pudo concluir este Concilio ya que falleció un año después, (el 3 de junio de 1963). Las otras tres etapas fueron convocadas y presididas por su sucesor, el papa Pablo VI, hasta su clausura en 1965. La lengua oficial del Concilio fue el latín.

Comparativamente, fue el Concilio que contó con mayor y más diversa representación de lenguas y etnias, con una media de asistencia de unos dos mil padres conciliares procedentes de todas las partes del mundo. Asistieron además miembros de otras confesiones religiosas cristianas.

CRISTIFEDELES LAICI: Juan Pablo II nos habla en esta exhortación apostólica sobre el papel de los seglares en la Iglesia. Este texto resume y da forma a los planteamientos y conclusiones del último sínodo de los obispos dedicado a este tema y celebrado en 1987. El documento cuenta con una introducción, cinco amplios capítulos y una breve conclusión-oración. El Papa actualiza, amplía y puntualiza muchas de las ideas del Vaticano II sobre la necesaria incorporación de los seglares a la vida de la Iglesia. Es un documento fundamentalmente positivo, sin frenos, que estimula la participación del seglar especialmente en la evangelización del mundo a través de su trabajo en la familia, en la profesión y en la política.

DEI VERBUM: Constitución dogmática sobre la divina revelación, promulgada por el concilio Vaticano II el 18 de Noviembre de 1965.

El nombre *Verbum Dei*, Etimológicamente "*VERBUM*" significa "PALABRA" y "*DEI*" significa "DIVINIDAD", Palabra de Dios.

El mismo nombre "*Verbum Dei*" evoca el doble aspecto de su misión propia:

-Revelar, comunitaria y personalmente, el rostro amoroso de Dios, buscando la mayor identificación con Cristo, Verbo de Dios hecho hombre.

-Al mismo tiempo, urgidos por el amor de Cristo, se sienten llamados a anunciar la Buena Nueva, siguiendo la misión de Jesús, enviado del Padre a evangelizar. Es por ello que hacen suyo el lema que inspiró a los primeros apóstoles de Cristo, desde una dedicación exclusiva y a tiempo completo a " la oración y al ministerio de la Palabra" .

La *Dei Verbum* es uno de los 16 documentos y una de las dos constituciones dogmáticas resultado del Concilio Vaticano II donde, según el mismo documento, se expone "la doctrina genuina sobre la divina revelación y sobre su transmisión para que todo el mundo, oyendo, crea el anuncio de la salvación; creyendo, espere, y esperando, ame".

Dei Verbum fue promulgada por el Papa Pablo VI en noviembre de 1965 y aprobada por la asamblea de obispos con un voto de 2,344 a 6.

DIVINO AFFLANTE SPIRITU: Carta encíclica de S.S. Pío XII sobre los estudios de la Sagrada Escritura, 30 de septiembre de 1943. El documento teológicamente mas importante sobre la Sagrada Escritura, el motivo o, mejor dicho, la ocasión de la nueva encíclica fue la celebración del cincuentenario de la otra gran encíclica *"Providentissimus"*, de León XIII.

DIES DOMINI: carta apostólica del Santo Padre Juan Pablo II al Episcopado, al Clero y a los fieles sobre la santificación del domingo el 31 de mayo de 1998, sobre el sentido cristiano y religioso del domingo, el día del Señor.

DOMINICAE CENAE carta del sumo pontífice Juan Pablo II a todos los Obispos de la Iglesia sobre el misterio de la Iglesia y el culto de la Eucaristía, promulgada en Febrero 24 de 1,980.

EVANGELLI NUTIANDI: Exhortación apostólica de su Santidad Pablo VI, (8 de Diciembre de 1975) acerca de la evangelización en el mundo contemporáneo. Esta palabra es en latín, derivada de la primera palabra del texto: *"Evangelii nuntiandi Studium nostrae aetatis hominibus".* Nos exhorta a proclamar el evangelio a los hombres de nuestro tiempo, esta exhortación afirma el rol de cada cristiano no solo los ministros ordenados, sacerdotes, diáconos, religiosos, religiosas o los trabajadores de la Iglesia, sino todos los que estamos en la Iglesia. La exhortación tiene una introducción seguida de siete secciones. Además articula como la reevangelización es el servicio primario de la Iglesia, se pone énfasis en Cristo el Evangelizador y su Iglesia como imitación a ejemplo de Él. Paulo VI y el sínodo de los obispos llevado a cabo en 1974 proponen la definición de lo que es evangelización ante los posibles concepciones ligeras sobre el término. La tercera parte expone el contenido de la evangelización. La cuarta describe los métodos de la evangelización. La quinta denota los beneficiarios de la Evangelización. La sexta clarifica la sección de quienes son los trabajadores. Y termina con la séptima y última con el Espíritu de la Evangelización.

LAICOS: (del Griego *Laos*= pueblo) la traducción de los setenta designa mas de las veces al pueblo de Dios por oposición a los sacerdotes y a los levitas la palabra latina *laicus*, aunque rara se emplea para designar en la Iglesia al que no es Clérigo, al miembro ordinario del pueblo santo.

LECTIO DIVINA: Con esta expresión latina nos referimos a la lectura atenta y reverente de la palabra de Dios. Se trata de una manera especial de acercarnos a la Sagrada Escritura, no tanto para satisfacer nuestra curiosidad intelectual o aumentar nuestra cultura, sino para alimentar y robustecer la vida de Fe.

LECTOR: Leer viene del latín "*Legare*": que quiere decir pasar la vista por lo escrito o impreso, para conocer su contenido. Leer es, esencialmente, un ejercicio privado.

LUMEN GENTIUM: Son las dos palabras iniciales que dan título a Constitución dogmática sobre la Iglesia del concilio Vaticano II, promulgada por Pablo VI el 21 de Noviembre de 1964. El documento consta de ocho capítulos. Su título "*Lumen Gentium*" expresa sintéticamente su finalidad: Cristo es la luz de las gentes y esa luz resplandece en el rostro de la Iglesia para que todos los hombres sean iluminados por ella mediante el anuncio de el Evangelio.

MINISTERIO: servicio vinculado a una determinada función. La palabra ministerio (del latín *ministerium*) es la traducción del griego *diakonia* y sirve para indicar fundamentalmente la realidad del servicio eclesial. En el nuevo Testamento se refiere con frecuencia a los apóstoles (Hch 1;25; 20;24 Col 1;7), y en particular el ministerio de la palabra (Hch 6;4) a su misión de servir a los hombres para los ministerios de Dios(1 cor. 4;1), de cooperar a la acción de reconciliación (2 cor. 5;18 y 6;1).

MINISTERIA QUAEDAM: Carta Apostólica del Papa Pablo VI en forma de *Motu Propio*, con esta carta entrará en el lenguaje de la Iglesia los "Ministerios" como funciones determinadas de los Laicos. Las que hasta ahora se conocían con el nombre de « Ordenes menores », se llamarán en adelante « Ministerios ».

III. Los ministerios pueden ser confiados a seglares, de modo que no se consideren como algo reservado a los candidatos al sacramento del Orden.

IV. Los ministerios que deben ser mantenidos en toda la Iglesia Latina, adaptándolos a las necesidades actuales, son dos, a saber: el de Lector y el de Acólito. Las funciones desempeñadas hasta ahora por el Subdiácono, quedan confiadas al Lector y al Acólito; deja de existir por tanto en la Iglesia Latina el Orden mayor del Subdiaconado. No obsta sin embargo el que, en algunos sitios, a juicio de las Conferencias Episcopales, el Acólito pueda ser llamado también Subdiácono.

V. El Lector queda instituido para la función, que le es propia, de leer la palabra de Dios en la asamblea litúrgica. Por lo cual proclamará las lecturas de la Sagrada Escritura, pero no el Evangelio, en la Misa y en las demás celebraciones sagradas; faltando el salmista, recitará el Salmo interleccional; proclamará las intenciones de la Oración Universal de los fieles, cuando no haya a disposición diácono o cantor; dirigirá el canto y la participación del pueblo fiel; instruirá a los fieles para recibir dignamente los Sacramentos. También podrá, cuando sea necesario, encargarse de la preparación de otros fieles a quienes se encomiende temporalmente la lectura de la Sagrada Escritura en los actos litúrgicos. Para realizar mejor y más perfectamente estas funciones, medite con asiduidad la Sagrada Escritura.

El Lector, consciente de la responsabilidad adquirida, procure con todo empeño y ponga los medios aptos para conseguir cada día más plenamente el suave y vivo amor, así como el conocimiento de la Sagrada Escritura, para llegar a ser más perfecto discípulo del Señor..

PONTIFICIA COMISIÓN BÍBLICA: Órgano consultivo de la Santa Sede formado por teólogos docentes de ciencias bíblicas provenientes de varias escuelas y naciones.

PROCLAMADOR: Proclamación viene del latín *"proalamatio"*: Publicación de un decreto, bando o ley, que se hace solemnemente para que llegue la noticia a todos. O también, publicar en alta voz una cosa para que se haga notoria a todos. La proclamación, tiene que ver con el compromiso, con el dirigirse a los demás y ser cuestionado por ellos.

SEGLAR: (Siglo) Se aplica a la persona que no es sacerdote ni pertenece a una orden religiosa, Laico.

VERBUM DOMINI: exhortación Apostólica del santo Padre Benedicto XVI, al episcopado, al Clero, a las personas consagradas y a los fieles Laicos, sobre la Palabra de Dios en la vida y en la misión de la Iglesia.

VULGATA: Versión latina de la Biblia realizada por san Jerónimo por encargo del Papa Dámaso a finales del siglo IV recibió el nombre de la "Vulgata" (Vg), es decir, divulgada, difundida entre el pueblo. Los libros del Antiguo Testamento fueron traducidos directamente del idioma original, "el Hebreo".

CONCLUSIÓN

La Sagrada Escritura, ha sido fuerza para la Iglesia durante estos siglos de existencia, la cual, nos ha mantenido en pie hasta hoy. Desde siempre la misión de Jesús, fue llevar la buena nueva a todos y por eso fue que decidió enviar a los apóstoles que también se hicieran eco de esta hermosa Palabra; por lo tanto nadie puede perderse la oportunidad de escuchar esta buena noticia, ni la cultura, la geografía y el idioma son pretextos para inundar el mundo de la felicidad completa, en nuestro Señor Jesucristo.

La Jerarquía de la Iglesia hace su trabajo, ahora sigue el trabajo de cada uno de nosotros, pero para poder escuchar la voz de Yahvé, como cuando sale en busca de Adán, en el Edén diciendo ¿dónde estas? (Gn 3;9) esa misma pregunta debe abrir nuestros oídos y que también resuene en nosotros el llamado a ser verdaderos: <<Proclamadores de la Palabra de Dios>>, hay un hambre de ella en nuestras vidas. Sumándonos a la Jerarquía de la Iglesia, todos los que somos bautizados, estamos también llamados a estar activos, en la proclamación en nuestra sociedad.

Hay muchas voces que suenan en este tiempo moderno, desde los medios de comunicación social, que con sus noticias crean el pesimismo a la vida, las grandes catástrofes, las redes sociales y las comunicaciones inteligentes, que se fraguan entre el miedo y el consumismo.

Hoy ante esa esfera de incertidumbre, necesitamos voces de FE, de alegría cristiana, de optimismo y de positividad, que emanen de la Sagrada Escritura. Y eso solo nosotros; al dejarnos encontrar por nuestro señor y prestar nuestra voz para llevar esa noticia a los rincones mas alejados de la tierra. Quizá ahí alejados del bullicio y de las grandes ciudades se pueda escuchar con mas finura su voz.

El reto también es para los que vivimos en las grandes ciudades, entre el ambiente bullicioso del día a día, debemos romper el paso para proclamar a la gente que el reino de Dios esta con nosotros; que hay otra forma de ser, de ver y de caminar.

Mi oración es para que al leer este libro cada uno de nosotros los Laicos nos sintamos interpelados por la misión y responder corresponsablemente como Iglesia. Ahí tenemos el ejemplo de los santos que dejaron hasta el último aliento en esta noble misión. O por lo menos, que al estar leyendo este libro, podamos hacer un alto en nuestro camino y pensar como hijo prodigo, para luego retornar a la casa amorosa de nuestro Padre.

Hemos empezado un camino, pero es apenas el comienzo: ahora les toca a cada unos de ustedes poner en practica, cada uno de los puntos que se les han dado en este libro.

Empezamos con el papel del Laico en la Iglesia y la corresponsabilidad que ella implica. Además hemos puesto algunas dinámicas que le den color a lo ya aprendido, a veces las dinámicas son las que mas nos dejan, en la memoria el punto principal del libro.

En cuanto al punto Teológico se da, gracias a algunas reflexiones de conocidos Litúrgistas, doctores de la Iglesia y Catequesis de los mas recientes Papas.

También doy un repaso muy sintetizado de los libros de la Sagrada Escritura. A algunos libros del AT le he insertado, además de los nombres como los conocemos en español, los nombres en Hebreo; tal y como están en la lengua original, esto lo hice para ayudar a algunos de los lectores que quisieran saber cómo los conoció nuestro Señor Jesucristo.

Y terminamos con una breve historia del pueblo de Israel y con algunas aproximaciones en las fechas que se llevo a cabo tales acontecimientos.

Que nuestro Padre nos llene de su amor cuando estemos frente a la asamblea sedienta, y el Espíritu Santo nos de su fuerza para proclamar dignamente, la Palabra viviente de Dios, que es nuestro Señor Jesucristo. AMEN.

BIBLIOGRAFÍA

- Lecciones bíblicas José Miguel Miranda. Paulinas Bogotá.
- Larousse ortografía lengua española. Barcelona.
- Sentido de la Biblia. Manuel Aguilar moreno. Buena prensa México
- Hablar bien en público. Pérez Agustí. Edimat libros Madrid.
- Iniciación a la biblia para seglares, Jesús San Clemente Idiazabal. desclee de brouwer Bilbao España.
- Ministerio de lectores James A Wallace. The Litúrgica Press Minnesota.
- Guía para predicadores láicos. Patricia A. Parachini. Lumen Buenos Aires
- Ser palabra Richard R Gaillardetz. Editorial Claretiana. Buenos aires.
- Exhortación Apostólica *Verbum Domini* sobre la palabra de Dios en la vida y en la misión de la Iglesia
- La comunicación inteligente. Barcelona España Lair Ribeiro. Planeta.
- Fuentes de la Espiritualidad Anselm Grun verbo divino. España.
- Curso de lectores. José Wenceslao Zantizo. Guatemala. Editorial San Pablo.
- Hablar bien público. Larousse. Barcelona. España.
- *Cristifideles Laici*
- El Concilio Vaticano II
- No tengáis miedo Bernard sesboue. Verbo Divino.
- Catecismo de la Iglesia Católica.
- Lawrence Cunningham. Reflexiones litúrgicas.
- Carta Apostólica del Papa Juan Pablo II sobre la Eucaristía del Domingo, *Dominicae Cenae*.
- Louis-Marie Chauvet. Libro símbolo y Sacramento (*Symbol and Sacrament*)
- La Especialista en Liturgia Mary Collins.
- Documento de la Comisión Bíblica sobre la interpretación de la biblia en la Iglesia.

- La XII Asamblea General Ordinaria del Sínodo de los Obispos, que se celebró en el Vaticano del 5 al 26 de octubre de 2008, tuvo como tema La Palabra de Dios en la vida y en la misión de la Iglesia.
- Misión y Ministerios Laicales: Dionisio Borobio. Sígueme, Salamanca.
- *Dies Domini.* Día del Señor
- Diccionario ilustrado Océano de la Lengua española.
- *Evangelii Nutiandi* Evangelización en el mundo contemporáneo. (Pablo VI 1,975)
- El poblado de la Biblia Javier Saravia. S.J.
- Formación de predicadores. Salvador Gómez.
- Libros Sapiensales y otros escritos. Víctor Morla Asencio.
- Diccionario litúrgico, Guadalupe Pimentel, Paulinas.
- Símbolos que nos Rodean, Johan Van Parys, libros Liguory.
- Biblia de Jerusalén Desclee de Brouwer, Bilbao, España.

Notas:

Impreso en Estados Unidos
para Casasola Editores
MMXIII ©

Para pedidos e información de cursos y retiros

Tel: (714) 686-9786

Email: baldemo@yahoo.com
baldemogonzales@gmail.com

www.ingramcontent.com/pod-product-compliance
Lightning Source LLC
LaVergne TN
LVHW051121080426
835510LV00018B/2169